HARRY

A BIOGRAFIA

ALICE MONTGOMERY

HARRY

A BIOGRAFIA

Tradução

Patrícia Azeredo

1ª edição

BestSeller

Rio de Janeiro | 2013

CIP-BRASIL. CATALOGAÇÃO NA FONTE
SINDICATO NACIONAL DOS EDITORES DE LIVROS, RJ.

Montgomery, Alice
M791h Harry: a biografia / Alice Montgomery; tradução: Patrícia Azeredo. — Rio de Janeiro: Best*Seller*, 2013.

Tradução de: Harry Styles — the unauthorized biography
ISBN 978-85-7684-720-5

1. Styles, Harry. 2. One Direction (Conjunto musical). 3. Músicos de rock — Inglaterra — Biografia. I. Título.

13-1176 CDD: 927.824166
CDU: 929:78.067.26

Texto revisado segundo o novo Acordo Ortográfico da Língua Portuguesa.

Título original norte-americano
HARRY STYLES - THE UNAUTHORIZED BIOGRAPHY

Capa original adaptada por Gabinete de Artes
Editoração eletrônica: FA Studio

Impresso no Brasil

ISBN 978-85-7684-720-5

Seja um leitor preferencial Record.
Cadastre-se e receba informações sobre nossos lançamentos
e nossas promoções.

Atendimento e venda direta ao leitor:
mdireto@record.com.br ou (21) 2585-2002

SUMÁRIO

1 QUANDO HARRY CONHECEU CAROLINE

Era 2011 — um ano após a temporada do *X Factor* que transformou a sensação adolescente One Direction em superastros —, e o programa derivado dele, *The Xtra Factor*, tinha uma nova apresentadora: Caroline Flack, uma atraente morena de 32 anos que ganhou fama apresentando um monte de reality shows desde 2002. Animada e cheia de vida, ela era popular entre os espectadores, especialmente os do sexo masculino. Caroline tinha uma fila de pretendentes, mas o escolhido por ela iria deixar muita gente boquiaberta e atrair ainda mais atenção do que as pessoas envolvidas poderiam imaginar.

Antes mesmo de o casal ficar junto, já havia algumas dicas do que estava por vir. O One Direction era o grupo que mais bombava no planeta, e seu principal integrante era Harry Styles, de 17 anos. Com olhos grandes, aparência jovem e o cabelo despenteado que era sua marca registrada, além do sorriso abusado que se mostrava irresistível para uma enorme quantidade de garotas pelo mundo inteiro, Harry conquistava corações e ficava imensamente popular entre as fãs. Naturalmente, havia muito interesse em saber qual o estilo de garota que ele preferia, e Harry fez questão de esclarecer: Frankie Sandford, do grupo The Saturdays, parecia fazer o tipo do rapaz. "Sou apaixonado por Frankie desde os 8 anos de idade, quando ela ainda estava no S Club Juniors. Tinha até pôsteres dela. Eu adoraria beijá-la. Frankie e Caroline Flack são as minhas favoritas. As duas são muito lindas", revelou ele ao *Daily Star Sunday*.

Contudo, ao contrário da maioria dos fãs de Caroline Flack, Harry estava em posição de se aproximar de seus interesses amorosos. Desde sua aparição no *X Factor* há um ano, os garotos do One Direction viajaram o mundo, entraram na indústria do entretenimento e tinham um grande sucesso nas mãos — o single que estava em primeiro lugar nas paradas: "What Makes You Beautiful". Ele complementou a entrevista com um comentário no site do *X Factor*: "Se Caroline Flack estiver lendo isso, poderia mandar um 'oi' para mim. Ela é maravilhosa!" Disseram até que ele tentou persuadir o produtor do

Xtra Factor, Tim Dean, a usar o Twitter para convencer Caroline a sair com Harry. Mesmo assim, ninguém poderia ter previsto que Harry e Caroline logo se tornariam um dos casais mais improváveis do show business.

Inicialmente parecia que se Caroline iria ficar com alguém, seria seu parceiro na apresentação do *Xtra*, Olly Murs. O rapaz deu uma entrevista deliberadamente polêmica, dando a entender que algo poderia rolar entre eles: "Tivemos uns flertes ótimos. Eu trabalho no *X Factor*, o melhor programa da TV, e com uma pessoa linda como a Caroline. É uma época boa para mim. Conseguimos dar risadas, trocamos carinhos o dia inteiro e damos um beijinho de vez em quando. Nós nos damos bem e é ótimo ter essa química tanto na frente quanto atrás das câmeras", contou ele ao jornal *The Sun*. Não que algo tenha realmente acontecido, é claro, além do fato de eles terem se estabelecido como uma excelente dupla de apresentadores, com um bocado de química.

"Às vezes, os relacionamentos se formam ao longo do tempo e, no momento, estamos concentrados no trabalho. Mas tivemos uns flertes ótimos. Ela é atraente e nos divertimos juntos; então, quando o programa terminar em dezembro, quem sabe o que pode acontecer?", completou ele. Obviamente, o que aconteceu foi que Caroline apareceu em todas as manchetes com o namorado bem mais novo. No entanto, o que tanto Olly quanto Caroline sabiam — e Harry veio a descobrir ao longo do ano — é que toda publicidade é boa, e dar a entender que existe um romance entre duas celebridades de alto nível não faz mal a nenhum dos envolvidos. Isto também deixou claro que Caroline era uma mulher muito atraente, algo que seus jovens fãs já sabiam. Essa dúvida do "será que vai rolar algo entre os dois?" deliciou os espectadores, embora os apresentadores do *Xtra Factor* tenham se declarado solteiros. Porém, no caso de Caroline, não por muito tempo.

O evento era uma festa pós-show do *X Factor* no fim de outubro de 2011, realizada no W Hotel, em Londres. Caroline e Harry estavam lá e, de acordo com outros convidados, não demorou muito para o rapaz entrar em ação. Ele foi direto para a apresentadora, engatou uma conversa e depois, para a surpresa de todos os convidados, tomou a iniciativa e a beijou. Mais do que isso: o garoto de 17 anos e a mulher de 32 foram vistos saindo da festa juntos e dividindo um táxi, embora nada mais tenha acontecido naquela noite, pois cada um seguiu seu caminho. Harry disse no Twitter: "Às vezes, coisas acontecem e você subitamente ganha uma nova perspectiva de vida", como seria de se esperar.

No início, este casal extremamente improvável não foi levado a sério. A diferença de idade de 15 anos poderia não parecer tão grande se eles estivessem respectivamente na faixa dos 20 ou 30 anos, mas Harry ainda era um adolescente. Ninguém acreditava que o namoro duraria mais do que uma semana, que dirá três meses. A situação ficou ainda mais engraçada quando observadores notaram duas mensagens no Twitter. Caroline disse: "Acordei com a garganta doendo e inflamada!!!", e, horas depois, Harry contou: "Acordei com uma bela gripe e garganta dolorida hoje." Não foi preciso pensar muito para entender o que estava acontecendo.

A essa altura, Harry já tinha se mostrado um pegador e tanto. Enquanto dividia apartamento com o colega de banda Louis Tomlinson, ele trouxe tantas garotas para casa que Louis, então namorado da modelo Eleanor Calder, reclamou que os vizinhos pensariam que eles estavam montando um salão de beleza. "O pior de morar com Harry é o fluxo constante de mulheres que ele traz para casa. Não para nunca", disse ele. Entretanto, este fluxo constante estava prestes a ser substituído por apenas uma.

Após o show em um episódio do *X Factor* (em que Lady Gaga também se apresentou), a agenda do One

Direction estava mais cheia do que nunca. Ainda assim, o improvável romance continuava rolando nos bastidores. Harry não conseguiu manter a boca fechada e deu a dica em público, dizendo, em tom de brincadeira: "Adoraria levar Caroline para sair. Que tal um McDonald's? Mas eu não quero dividi-la com Olly." Na verdade, ele sabia muito bem que Caroline e Olly não estavam namorando. Harry tinha aprendido muito ao longo do último ano, inclusive que, no mundo do show business, as coisas nem sempre são o que parecem. Os outros colegas de banda deram a entender que algo estava realmente acontecendo: "Harry encontrou a pessoa certa agora", afirmou Louis, embora tenha se recusado a entrar em detalhes. Depois disso, o One Direction apareceu no *Xtra Factor* e perguntaram a Harry de qual participante da temporada atual ele mais gostava. A resposta foi: "Elas são todas muito novas para mim."

E Caroline não foi a única mulher a ter notado o jovem astro pop: Peaches Geldof, também mais velha, com 22 anos, ficou tão atraída por Harry que pediu o telefone dele. Harry a atendeu com prazer, mas depois admitiu com tristeza ter passado o número errado. "Ela deve me odiar", comentou em uma entrevista reveladora à revista *OK!*. "Se ela estiver lendo isso, fale comigo da próxima vez que me encontrar. Quem sabe agora eu dou o número certo?" Na mesma entrevista ele deixou claro que, embora tivesse apenas 17 anos, estava longe de ser inocente. Harry já tinha transado e, durante sua primeira vez, ficou com medo de ter engravidado a menina, embora eles tivessem usado camisinha e, portanto, feito sexo seguro. No final, tudo correu bem. Em outra ocasião, ele disse a uma admiradora que era gay apenas para desencorajá-la. Como o rapaz já era um sedutor experiente, pelo menos tirar a virgindade de Harry não entraria na lista de acusações que logo seriam feitas à Caroline.

Não demorou muito e ficou claro que os dois eram um casal. Eles foram flagrados jantando juntos no chiquérrimo restaurante Asia de Cuba, no belo Hotel St Martin's Lane, em Londres, local preferido de vários famosos (definitivamente, não é um McDonald's). Caroline foi vista no saguão esperando pelo namorado e, depois, eles jantaram com outro casal. Porém, Caroline e Harry só tinham olhos um para o outro, não apenas flertando abertamente, como saindo do restaurante juntos em um carro com motorista que os levou para um destino desconhecido naquela noite.

Contudo, eles ficaram abalados com a reação rancorosa das fãs do One Direction, que usaram as mídias sociais para se expressar. Muitas pareciam pensar que, se elas não podiam ficar com Harry, então ninguém mais poderia — muito menos uma pessoa com idade para ser a irmã (bem) mais velha dele. Comentários realmente desagradáveis, como: "Se Caroline Flack flertar com meu namorado [Harry], vou caçá-la e matá-la" começaram a surgir por toda a internet, bem como: "Quero matar você, Caroline Flack. Harry é meu, sua vadia." Também disseram que Caroline "deveria estar tendo crianças — e não namorando uma". Isso levou a moça a se pronunciar no Twitter: "Sou amiga íntima do Harry... Ele é uma das pessoas mais legais que conheço... Eu não mereço ameaças de morte." Algumas pessoas a apoiaram: "Eu nem me importo mais. Se Harry quiser namorar uma mulher mais velha, está ótimo." Outra disse aos fãs para amadurecerem, enquanto uma terceira desacreditou as ameaças de morte.

Enquanto isso, Olly, que não chegou a perder sua colega de *Xtra Factor,* mas não podia mais dar a entender que poderiam se tornar um casal, começou a fazer declarações impactantes: "Se eu tivesse que beijar um homem, seria Justin Timberlake. Ele é meu ídolo. Também gosto de Michael Bublé. Fiquei todo bobo quando o conheci." Não se sabe o que Justin ou Michael acharam disso, mas muitas piadas foram feitas dizendo que, quando Caroline tinha fugido com Harry, Olly decidira ser gay.

Na verdade, Olly não foi o único homem a ficar ressentido com o novo relacionamento: o astro do rock Dave Danger, ex-namorado de Caroline, também não ficou muito feliz com a notícia. O casal tinha se separado em 2009, mas Dave, ex-baterista da banda indie The Holloways, ainda esperava por uma reconciliação. A princípio, ele desmentiu os boatos de Caroline e Harry estarem juntos, pois, como todo mundo, Dave achava aquilo improvável demais. Mas, no fim, ele acabou sendo obrigado a encarar a verdade.

"Eles só se separaram porque praticamente não conseguiam se ver devido à agenda de trabalho de ambos", explicou um amigo de Dave ao *Daily Star*. "Porém, não havia dúvida de que eles ainda estavam apaixonados. Caroline não escondia que esperava uma reconciliação. Nas últimas duas semanas, eles vinham passando cada vez mais tempo juntos, mas, de repente, ela esfriou e deixou Dave a ver navios. Isso aconteceu justamente quando começaram os boatos de relacionamento entre ela e Harry. No início, Dave apenas riu e pensou que os boatos sobre ela ter beijado o astro pop eram uma pegadinha. Afinal, Harry era só uma criança. Mas quando Caroline começou a se esquivar dos encontros e não retornar mais os SMS de Dave, ele supôs que o negócio com o garoto era sério. Dave acha que ela pirou e quis conversar sobre tudo isso, mas ela o ignorou totalmente."

A verdade é que, por mais improvável que parecesse, o casal passava a impressão de estar levando o relacionamento a sério, e havia relatos de que Caroline pedira a Harry para ir morar com ela. Em público, Harry não deu detalhes sobre essa informação, mas Olly entregou o jogo ao dizer que o integrante do One Direction tinha uma queda por mulheres mais velhas: "Ele sempre me falou abertamente do quanto gosta da Caroline", contou.

A situação era altamente incomum e não só devido à diferença de idade. Em geral, não se recomenda que integrantes de boy bands tenham namoradas e, se tiverem, pede-se discrição, pois a existência de um relacionamento pode desestimular as fãs. No caso do One Direction, no entanto, ninguém tentava esconder nada. O comentário de Harry sobre Caroline — "Somos bons amigos e saímos muito. A gente se deu muito bem. Vamos ver o que acontece" —, não enganou ninguém. Na verdade, os meninos eram estimulados a sair com garotas: Zayn Malik teve um relacionamento com Rebecca Ferguson, uma colega de competição no *X Factor*, e os meninos faziam questão de falar bem das mulheres que conheciam. Sem dúvida era uma situação mais saudável que a experiência vivida por várias outras boy bands: na primeira versão do Take That, antes de eles se separarem, os garotos eram orientados a manter uma imagem totalmente perfeita, o que estava longe da realidade. Anos depois, histórias de groupies se escondendo em armários vieram à tona, mas, na época, a pressão de ter que obedecer às regras foi um dos estresses que levaram Robbie Williams a quase ter um colapso nervoso e a sua consequente saída do grupo. Ninguém queria arriscar a possibilidade de algo parecido acontecer com o One Direction. Os meninos eram jovens que estavam vivendo o melhor momento da vida e ninguém queria impedi-los de curtir cada minuto.

Embora Harry não falasse muito sobre seu novo relacionamento, Caroline seguia o caminho contrário. Eles já eram um casal há algum tempo, e ela estava sendo muito criticada pela diferença de idade. "Eu achava que não precisava me preocupar com esse tipo de coisa, mas é algo social, as pessoas não aceitam grandes diferenças de idade", constatou ela em uma entrevista à revista *Now*. "Eu me pergunto: o que fiz de errado? Nada. O que é difícil de entender são as pessoas dizendo que é nojento. Eu não acho. Algumas pessoas tendem a ver imediatamente o lado negativo, e é isso que acho estranho. Se duas pessoas se gostam e se dão bem, por que alguém vê algo de ruim nisso? Sei que fofocar é da natureza humana, mas por que dizer que é ruim? Não estamos fazendo mal a ninguém." Sobre as ameaças de morte no Twitter, ela acrescentou: "Aquilo tudo foi longe demais. É um tipo de bullying feito por pessoas que se escondem por trás de um computador. Eu sabia que elas eram apenas uma minoria das fãs do One Direction, e todas muito novas. É uma espécie de obsessão fanática. Se eu levasse isso a sério, nunca sairia de casa. Ele [Harry] recomendou: 'Não ligue para o Twitter.' Dessa forma, ele se tornou a pessoa madura na relação a essa altura!"

Harry foi visto entrando na casa de Caroline à noite e saindo, exausto, na manhã seguinte. A atenção voltada para ele estava começando a destacá-lo do restante do One Direction. O comediante David Walliams foi um dos primeiros a comentar: "Não faço parte do público-alvo, já que não sou uma menina de 10 anos, mas gosto da banda e de Harry", revelou Walliams ao *Daily Star*. "Aposto que ele deixa o resto do grupo furioso." Se isso acontecia, os colegas do One Direction eram inteligentes o bastante para ficarem de boca fechada. No entanto, o fato é que Harry era o mais popular. Todos os garotos recebiam uma imensa quantidade de atenção não importa aonde fossem, mas Harry provocava uma histeria específica, e a namorada escolhida por ele aumentava *ainda mais* essa devoção (e não *menos*). Acima de tudo, isto certamente provou que o rapaz não ficava atraído por meninas cabeças de vento sem conteúdo.

Mesmo assim, Caroline continuava a receber muitas críticas: "Nós estamos nos divertindo. O que há de errado nisso?", protestou ela em uma entrevista na TV. Mas as fãs não pararam de reclamar. Já Harry não era tão direto: "As pessoas deveriam pensar melhor antes de colocar alguma coisa no Twitter. Nunca reclame, nunca explique", observou ele. Até Olly tentou fazer as fãs furiosas pegarem mais leve: "Harry é um garoto bonito, e a maioria das garotas do país gostaria de ficar com ele. Mas nada é concreto. Está tudo bem. Todo mundo posta o que quiser, mas ninguém sabe a verdade, pois diz respeito à vida privada deles. Esse negócio todo de tirar fotos é injusto." A última frase pode ter sido uma referência ao fato de Caroline ter sido fotografada saindo do apartamento de Harry certa manhã.

Outras pessoas duvidavam, alegando que o relacionamento era um "showmance", ou seja, um relacionamento que existia apenas para gerar publicidade. Mas elas estavam redondamente enganadas. A essa altura, o debate sobre se o relacionamento era adequado ou não estava na imprensa de circulação nacional, junto com histórias reais sobre as "lobas" (mulheres que namoram homens bem mais novos).

Em resumo, parecia que o relacionamento ficava cada vez mais sério. Em dezembro daquele ano, o One Direction estava saindo para uma turnê de 24 shows no Reino Unido e na Irlanda, e Caroline foi vista parecendo um tanto abalada após se despedir de Harry, quando lhe deu uma carona a Watford, em Hertfordshire. Vale dizer que o rapaz não parecia tão arrasado assim, especialmente porque a turnê era considerada como uma prova da popularidade dos meninos e, até o momento, ia maravilhosamente bem: os shows estavam sempre lotados e a banda fora recebida de forma sensacional em todos os lugares. A vida profissional de Harry certamente ia de acordo com o planejado.

No início do novo ano, Caroline reservou um tempo para si e foi à Índia em férias, enquanto Harry e os rapazes continuavam em sua bem-sucedida turnê. Quando voltou para casa, contudo, ela desafiou os críticos e foi a um show do One Direction. Por essa ousadia, Caroline foi recompensada com uma série de cartazes onde se lia: "Vá se ferrar, Caroline." Além disso, havia um camelô vendendo apitos que recomendava a quem ia para o show: "Apite se você odeia Caroline Flack." Todos os 150 apitos foram vendidos. A moça fez questão de ignorar o protesto, mas ela não seria humana se não ficasse ao menos um pouco abalada. Caroline era atacada por todos os lados — não apenas pelas fãs do One Direction como também pelos autoproclamados guardiões da moralidade pública, que condenavam todas as atitudes dela em alto e bom som. Até Rebecca Ferguson, agora com 25 anos, que tinha namorado Zayn, de 19, juntou-se aos críticos: "Acho que tem algo de errado no relacionamento entre Caroline e Harry. Comigo e Zayn foi diferente, pois ele tinha 18 anos na época. Pelo menos a gente podia beber juntos e ele já era velho o suficiente para tomar as próprias decisões. Mas Harry é jovem demais para isso... Isso vai muito além da diferença de idade."

De certa forma, é óbvio que ela estava certa: Harry ainda era muito jovem. Contudo, os rumores de que o casal estava morando junto se provaram errados, e, embora eles tenham continuado a se ver bastante, era possível perceber a tensão. Nenhuma pessoa gostaria de ser agredida como Caroline foi, e mesmo se Harry tivesse escolhido uma namorada da mesma idade, 17 anos ainda é muito cedo para ter um relacionamento sério. Além disso, o One Direction tinha um grande futuro pela frente. Ele realmente queria se comprometer com alguém quando esta imensa oportunidade surgia em sua vida?

Para aumentar ainda mais a pressão, o One Direction ia tentar fazer sucesso no mercado norte-americano, uma tarefa extremamente difícil para qualquer artista britânico: muitos tentaram e pouquíssimos conseguiram. Apesar disso, o clima estava tão favorável no Reino Unido que não havia dúvidas: aquele era o momento certo para os meninos arriscarem. Como consequência, eles passariam os próximos dois meses em turnê pelos Estados Unidos. O mentor do grupo, Simon Cowell, foi um dos poucos britânicos a fazer sucesso nos EUA e seria capaz de orientá-los em uma empreitada que poderia mudar ainda mais a vida dos garotos.

Assim, no fim de janeiro de 2012, o relacionamento que causou tanta polêmica esfriou gradualmente. Parecia que Caroline levou o término do namoro mais a sério que Harry e dizem que ela ficou muito triste com a situação, enquanto ele percebeu que não tinham mais futuro. Também houve boatos de que o relacionamento estaria prejudicando a imagem certinha do One Direction, mas considerando que este não foi o último relacionamento de Harry com uma mulher mais velha, isto parece improvável. Seja qual for o motivo, estava tudo acabado.

"Harry está sendo realista quanto à situação toda", confidenciou um amigo ao *Daily Mirror*. "Ele vai viajar em alguns dias e quer se dedicar totalmente a transformar o One Direction em um sucesso absoluto nos Estados Unidos. Eles vão voltar para os BRIT Awards, mas ficarão fora por dois meses. É um longo período para ficar separado, especialmente com tanta coisa acontecendo. Harry é jovem e não está pronto para um relacionamento à distância. Ele gosta muito de Caroline e não quer magoá-la, mas também não quer ficar preso a ninguém." Harry usou o Twitter para anunciar que havia sido uma decisão mútua: "Por favor, saibam que eu não 'dispensei' Caroline. Foi uma decisão mútua. Ela é uma das pessoas mais generosas e legais que conheço. Por favor, respeitem isso."

As fãs ficaram aliviadas, assim como uma pessoa bem mais próxima de Harry: o pai dele, Des. Como todo mundo, ele ficou bastante apreensivo com a história toda. Era "ridículo", definiu ele: "Trinta e dois ou sei lá quantos anos ela tinha, e meu filho, com 17? É meio exagerado."

A única pessoa tranquila com tudo aquilo era a mãe de Harry, Anne Cox, a quem ele era extremamente ligado. Segundo todos os relatos, Anne e Caroline se deram muito bem, e ela tinha uma visão bastante pragmática: "Nunca pensei que isso seria um problema. A personalidade é mais importante que tudo", minimizou ela ao *Mirror*. "Acho que quanto mais jovem você é, mais as pessoas falarão da diferença de idade. Se Harry fosse vinte anos mais velho, isso não seria um problema. Meu marido era dez anos mais novo que eu e isto nunca me incomodou."

Caroline mostrou sua força ostentando um novo visual com o cabelo escurecido no National Television Awards. Ela podia estar triste com o fim do relacionamento, mas pelo menos não estaria mais sujeita às críticas sem fim das fãs do One Direction — e de praticamente todo mundo. O namoro não tinha mesmo como dar certo: além da diferença de idade, a vida de Harry estava prestes a mudar completamente. Ele também confirmaria a fama de pegador nos meses seguintes, aparecendo com várias mulheres (algumas consideravelmente mais velhas que ele). O rapaz, obviamente, tinha um tipo favorito de moça.

Porém, este não foi exatamente o fim do relacionamento. Mais de um ano após o término, e depois de Harry ter sido associado a uma série de outras mulheres, o jovem astro pop ainda mantinha contato com a ex, mandando mensagens picantes. "Caroline costuma brincar, dizendo: 'Harry Sacana ataca novamente'", contou um amigo da apresentadora à revista *Now*. "Ele manda mensagens cheias de insinuações para ela. Uma delas dizia: 'Você está muito gata.' Ela sabe que Harry ama fazer joguinhos, mas gosta dos elogios e admite que ainda o adora." Mesmo assim, os dois seguiram a vida longe um do outro.

Foi o fim de um episódio extraordinário que atraiu uma quantidade imensa de atenção e do qual Harry saiu com a dignidade e a maturidade basicamente intactas. A vida dele deu uma guinada incrível desde sua aparição no *X Factor* um ano antes, indo de estudante a destruidor de corações praticamente da noite para o dia. E este era apenas o começo de uma viagem sensacional. Afinal, quem é Harry Styles? Como surgiu o One Direction? E como ele se transformou no grande astro que é hoje?

2 PRIMEIROS PASSOS

Nicole Scherzinger estava pensativa. A jurada convidada do *X Factor* (e ex-integrante do grupo Pussycat Dolls) ficou impressionada com os cinco jovens que apareceram na sétima temporada do programa. Embora eles tenham passado pelas audições e pela fase do Bootcamp, por alguma razão não conseguiram chegar à categoria garotos na Judges' Houses. Um rapaz em particular se destacou nas audições: um jovem de 16 anos chamado Harry Styles, que impressionou os jurados com sua interpretação de "Isn't She Lovely?", de Stevie Wonder. Nicole definiu a voz dele como "adorável". Simon Cowell — outro jurado e chefão do *X Factor* — concordou até certo ponto: votou em Harry, mas disse que o garoto precisaria de aulas de canto. Estava claro que havia algum talento ali, mas como melhorá-lo?

O mesmo se aplicava a outros quatro jovens que tinham participado individualmente do programa: Niall

Horan, Liam Payne (que fizera audições no *X Factor* em 2008, com apenas 14 anos, mas Cowell o mandou voltar em dois anos), Zayn Malik e Louis Tomlinson. As juradas fixas Dannii Minogue e Cheryl Cole estavam ausentes: Dannii estava em licença-maternidade e Cheryl se recuperava da malária. Foi por isso que Nicole tinha sido convidada a participar do reality show. Pelo mesmo motivo, os produtores do programa decidiram não ter plateia. Assim, os jurados Simon e Louis Walsh dividiram os participantes em quatro categorias: garotos, garotas, acima de 25 (depois mudada para acima de 28) e grupos. Nesta temporada, os garotos não foram tão bem e nenhum deles chegou lá por mérito próprio. Porém, Nicole teve uma ideia: por que não juntar os cinco e dar uma chance a eles na categoria grupos? Poderia dar certo.

Para os garotos, o *X Factor* parecia a princípio um desastre total. Harry foi recusado logo de cara: "Acho que você é jovem demais", disse Louis Walsh, em uma análise pela qual morderia a língua depois. "Não acho que tenha experiência nem confiança suficiente, por isso vou dizer não." Harry foi mandado para casa e, posteriormente, confessou ao *Daily Mirror*: "Fiquei arrasado por não ter conseguido."

Cheryl fez comentários igualmente arrasadores para Niall. Zayn e Louis também não estavam indo muito bem, e embora Liam inicialmente tenha levado Simon a dizer que sua interpretação para "Cry Me a River" era "absolutamente incrível" e Cheryl ter acrescentando: "Seja lá o que estamos procurando neste programa, você tem", ele também se saiu mal na fase do Bootcamp. Todos os meninos foram mal e Zayn teve a mesma sensação que Harry: "Fiquei desolado."

"Liguei para meus pais e contei a eles", acrescentou Liam. "Eles sempre me ajudaram em tudo e acreditaram muito em mim. Senti que tinha fracassado e que eles estavam decepcionados comigo."

Mas nem tudo estava perdido. Nicole não foi a única a ter um palpite de que juntos os meninos seriam maiores que a soma das partes. O calejado observador da indústria fonográfica Simon Cowell também pensava assim. "Eles eram artistas solo no início", disse ele à revista *Rolling Stone* algum tempo depois, quando o recém-formado grupo se tornara uma das boy bands de maior sucesso no planeta. "Todos fizeram ótimas audições individualmente. Tínhamos bastante expectativa em relação a dois ou três deles em especial, mas aí tudo se degringolou em uma das últimas etapas.

O interessante é que quando eles saíram, tive uma sensação ruim de que isso não deveria ter acontecido e que talvez ainda pudéssemos fazer algo com eles. Foi quando surgiu a ideia de ver se os garotos dariam certo como um grupo. Por isso chamamos os cinco de volta. Eles eram os únicos candidatos rejeitados com quem nos importávamos."

Os garotos certamente pareciam ter algo em comum: todos eram do norte da Inglaterra (exceto Niall, que é irlandês), estavam entre o meio e o fim da adolescência e três deles já tinham experiência com música. Indo direto ao ponto, os cinco tinham as características que mais atraíam jovens fãs do sexo feminino: eram rostos novos, não pareciam agressivos demais e, como todos os ídolos adolescentes, tinham cabelos muito, muito bonitos. Desde o começo, Harry se destacou — especialmente no que diz respeito ao cabelo. Além do mais, boy bands sempre se saem melhor com fãs jovens, ao contrário de artistas solo, que tendem a chamar atenção de um público ligeiramente mais velho — o que pode ter algo a ver com levar cinco pelo preço de um.

Os garotos foram convocados para ver Nicole, que explicou o novo plano. Quatro deles literalmente pularam de alegria, mas Liam, que estava desconfiando devido a sua experiência anterior no *X Factor*, pediu algum tempo para pensar. "Precisava decidir se estava pronto para jogar fora todo o trabalho que tive", ele explicou depois. "Eu me esforcei muito para ser artista solo, mas dizer 'não' significava voltar para casa de mãos vazias." E, por isso, ele aceitou.

De modo geral, foi uma virada histórica — e ninguém esperava por algo assim quando a sétima temporada do *X Factor*, que transformaria Harry e seus colegas em superastros, começou no dia 21 de agosto de 2010. Na verdade, essa temporada do programa, que foi novamente apresentada por Dermot O'Leary no canal ITV, e sua série derivada, *The Xtra Factor* (que ficou a cargo de Konnie Huq no ITV2), começou a ser produzida alguns meses antes, com audições iniciais realizadas em junho e julho. Simon Cowell, Louis Walsh e Cheryl Cole mais uma vez foram os jurados. Dannii voltaria da licença-maternidade a tempo para a fase Judges' House e uma série de convidados ficaria no lugar dela até lá. Já Cheryl perdeu as audições de Manchester por causa da malária. A sétima temporada foi a primeira a ser filmada em alta definição e rendeu muita polêmica, especialmente porque duas bandas foram formadas com artistas solo que não tiveram sucesso individualmente e porque programas de computador foram usados para corrigir o tom de voz dos participantes durante a transmissão das audições. Dito isso, a final foi assistida por mais de 17 milhões de pessoas — a maior audiência de 2010.

O programa foi organizado dessa forma: em dezembro de 2009, possíveis candidatos eram convidados para as audições, que começaram para valer no mês de junho, em Glasgow, Birmingham, Londres, Dublin, Cardiff e Manchester. Os jurados convidados para ficar no lugar de Dannii eram Geri Halliwell (em Glasgow), Natalie Imbruglia (em Birmingham), Katy Perry (em Dublin), Pixie Lott (em Cardiff) e Nicole Scherzinger (em Manchester). Não havia jurado convidado em Londres. Depois das audições, vinha a fase do Bootcamp, ainda sem Cheryl e Dannii e também sem plateia. Nesta fase os artistas seriam separados em quatro categorias, dois grupos seriam formados e Nicole voltaria como jurada convidada. Depois, viriam a fase Judges' Houses e a final.

No início do programa, foram criados, de forma inesperada, dois grupos cujos integrantes entraram originalmente como artistas solo — e logo ficou claro que essa temporada iria dar o que falar. Os garotos em si estavam um pouco apreensivos quanto à súbita mudança de planos. Afinal, cada um deles tinha entrado para fazer sucesso sozinho e unir-se a uma boy band fabricada (ainda que por Simon Cowell e Louis Walsh, dois dos homens mais experientes da indústria fonográfica) era um tanto chocante. Além de tudo isso, será que eles se dariam bem?

"Meu primeiro pensamento foi: 'Como vamos fazer isso dar certo se nem mesmo nos conhecemos?' Era um salto no escuro", disse Liam ao site WalesOnline. E Zayn acrescentou: "Eu jamais pensei em fazer parte de um grupo, mas quando estava lá e tudo começou a acontecer para valer, e conheci meus colegas um pouco melhor, não tinha como recusar."

Em todo o caso, eles não tiveram muita escolha. Era formar um grupo ou abandonar a competição — e nenhum deles queria isso. Além de adquirir novas técnicas musicais, eles precisariam aprendê-las rapidamente diante de uma plateia de milhões. Nenhum dos garotos tinha experiência cantando em harmonia e, de acordo com Zayn, eles simplesmente cantaram em uníssono por algumas semanas até as coisas finalmente começarem a dar certo. A maioria das boy bands fabricadas tinha algum tempo para ensaiar e aperfeiçoar sua apresentação antes de levá-la ao público, sem contar o que o Take That fez: formar uma base de fãs enquanto ganhavam experiência e aprendiam o ofício fazendo turnês em locais pequenos. Nenhuma destas opções era possível ao One Direction: eles não só tinham que estar prontos extremamente rápido como precisavam fazer isso sob o olhar crítico do público. Apesar disso, os garotos perceberam que era uma grande chance, mesmo que não fosse o que eles esperavam inicialmente. Por isso, todos decidiram aproveitar a oportunidade.

Para se conhecerem melhor, os meninos se juntaram em uma cabana que pertencia ao padrasto de Harry em Cheshire. Lá, eles começaram do zero, aprendendo os nomes uns dos outros. O próximo passo era batizar o grupo. Uma boy band precisa de um nome, e eles não tinham muito tempo para pensar nisso. Foi Harry que veio com a ideia de usar One Direction, em parte porque os cinco agora estavam indo em uma só direção e também porque a única direção para a qual eles queriam rumar era a do sucesso na indústria do entretenimento. Como descobriremos mais tarde, esta escolha traria problemas, pois havia um grupo norte-americano com o mesmo nome que acabou rendendo um processo. Porém, não havia dúvida de que aquele era o nome mais adequado aos garotos desde o início. E pegou. "Enquanto estávamos lá [na cabana], Harry surgiu com o nome One Direction", explicou Zayn. "Outro nome que pensamos foi USP, e o pai do Liam sugeriu Status Single — que era simplesmente horrível."

A fase do Bootcamp, que os garotos precisavam enfrentar agora como um grupo, aconteceu na Wembley Arena, em Londres. Ela começou no dia 22 de julho e estava programada para ser exibida em 25 e 26 de setembro. Naquele momento, os 211 competidores foram divididos em quatro categorias e a competição começava a ficar mais séria. Após receber treinamento vocal, cada categoria apresentava uma música: os garotos cantaram "Man in the Mirror", as garotas apresentaram "If I Were a Boy", os acima de 25 interpretaram "Poker Face" e os grupos ficaram com "Nothing's Gonna Stop Us Now". No fim do primeiro dia, a quantidade de artistas foi reduzida de 211 a 108. No segundo dia, o diretor criativo Brian Friedman apareceu para dar uma aula de dança, apesar de que ninguém seria julgado nesse quesito específico. A competição estava indo a toda velocidade.

Nicole voltou como jurada convidada e os artistas eram chamados para mostrar seu talento. Eles recebiam uma lista de quarenta músicas e cada um precisava escolher qual gostaria de cantar. Neste momento, por sugestão da própria Nicole, as categorias sofreram pequenas alterações: os acima de 25 viraram acima de 28 e as categorias garotos e garotas passaram a aceitar participantes entre 16 e 28 anos (em vez de 16 e 25, como era antes), o que deixou todos aliviados, pois alguns dos melhores competidores estavam entre os mais velhos. Devido à enorme quantidade de talentos, outras mudanças foram feitas no formato do programa: geralmente seis artistas de cada categoria passavam para a Judges' Houses, mas nessa temporada o número aumentou para oito.

A essa altura, os jurados começaram a manifestar interesse pessoal no que estava acontecendo no palco. Eles agora seriam mentores de vários artistas, o que os colocava competindo entre si e também em posição de julgar a apresentação no palco. Simon ficou responsável por orientar os grupos, enquanto Walsh ficou com os acima de 28 e Dannii e Cheryl, que voltariam em breve, ficariam responsáveis pelos garotos e garotas, respectivamente.

E o One Direction não foi o único grupo a ser formado do nada naquele ano do programa: o mesmo aconteceu com o conjunto de cantoras solo que se transformou no grupo Belle Amie. O sucesso do One Direction fez as pessoas logo esquecerem da controvérsia causada por esta decisão na época. Os outros grupos que tinham entrado no *X Factor* ficaram muito ressentidos, especialmente quando os novos grupos começaram a chamar mais atenção do que eles. Houve muita reclamação nos bastidores, alegando que não era justo e que Simon não deveria ter permitido que aquilo acontecesse. Alguns meios de comunicação também criticaram, dizendo que as regras estavam sendo alteradas a torto e a direito naquela temporada. As categorias mudaram, as apresentações mudaram e os cantores solo estavam se transformando em grupos. Simon, que orientava os artistas, não estava nem aí para as críticas, alegando que algumas das bandas de maior sucesso do mundo foram formadas por alguém de fora.

"Para ser sincero, os grupos que apareceram nesse ano não eram bons o bastante", contou ele ao *Daily Star,* sem meias palavras. "Além disso, os garotos da banda The Wanted não se esbarraram de repente na rua. O mesmo vale para as Spice Girls, o Westlife, o Jackson Five... Alguém precisa ser o catalisador. Grupos são difíceis, é claro, mas quer saber? É neles que você mostra seu talento. Achei mais justo colocar estes cantores em um grupo do que mandá-los para casa apenas porque ainda não estavam no ponto."

Controvérsias a parte, o One Direction começou muito bem. Até o momento, nenhum grupo tinha vencido o *X Factor*, mas os garotos mergulharam de cabeça na competição e passaram para a fase seguinte, a Judges' House, que também marcou a volta de Dannii e Cheryl, já recuperada da malária. Conforme mencionado anteriormente, oito artistas eram aceitos em cada categoria e, nesse ponto, os jurados se envolviam mais diretamente no processo, sendo responsáveis por orientar e ajudar os participantes no caminho para a vitória. Cada jurado tinha o apoio de um convidado: Cowell ficou com Sinitta em Marbella, Espanha; Louis com Sharon Osbourne em Adare, County Limerick, Irlanda; Cheryl com Will.i.am em Coworth Park, Ascot, Berkshire; e Dannii com Natalie Imbruglia em Melbourne, Austrália.

Todos os participantes passavam uma semana na Judges' Houses e apresentavam duas canções. Os jurados tinham que eliminar cinco candidatos e deixar 12, e as apresentações mais importantes aconteceriam nos dias 2 e 3 de outubro de 2010. Havia muito em jogo e, naquele momento, as diferenças entre os participantes começaram a vir à tona. Muitos deles ganhariam fama, mesmo sendo descartados durante o programa. Cher Lloyd, por exemplo, parecia se inspirar totalmente em sua mentora, Cheryl Cole. Afinal, havia realmente uma semelhança incrível entre elas, além da preocupação com o fato de que Cher dava a impressão de não comer praticamente nada. Já Katie Waissel se tornou uma figura odiada no programa por muitas vezes ser manipuladora e sincera demais. Ambas fizeram carreira no *X Factor*, mesmo sem vencer o reality show.

Rebecca Ferguson, estudante e mãe solteira, e Matt Cardle, ex-pintor e decorador de Little Maplestead, Essex, foram destaques desde o começo, enquanto a cantora e compositora irlandesa Mary Byrne revelou ser uma verdadeira surpresa para os espectadores. Aos 51 anos, ela era bem mais velha que os outros participantes, tendo abandonado uma promissora carreira como cantora na casa dos 20 anos. Mary trabalhava na Tesco antes de participar do programa. O *X Factor* abriu caminho para seu sucesso como artista, dando a ela a chance de realizar o sonho que tinha ficado para trás há décadas.

Além disso, alguns dos artistas que não tinham sido aprovados na etapa anterior foram trazidos de volta como curingas no primeiro programa ao vivo, exibido no dia 9 de outubro. Foram eles: Paije Richardson, Treyc Cohen, Wagner Fiuza-Carrilho e Diva Fever. Essa jogada também foi considerada polêmica: Wagner, de 54 anos, outro participante mais velho que emplacou, era um brasileiro exagerado, de personalidade forte e talento para chamar atenção. Treyc Cohen, por sua vez, já tinha participado da sexta temporada do programa. Para confundir ainda mais os espectadores, na sexta temporada ela ficou na categoria acima de 25, mas, devido à mudança no limite de idade, ela estava agora no grupo garotas e foi alvo de olhares tortos quando descobriram que a moça já tinha conseguido um contrato com uma gravadora antes de aparecer na sétima temporada — algo que era totalmente proibido. Foi dito que o *X Factor* estava tentando liberá-la desse contrato. Depois, descobriram que Katie Waissel também deveria cancelar um contrato nos Estados Unidos após sua audição.

Esta temporada do *X Factor* estava repleta de personalidades fortes e extremamente competitivas, todas desesperadas para ganhar. E Simon, que sabe muito bem que críticas, traições, boatos, fofocas, hostilidades e polêmicas só aumentam a audiência (como de fato aconteceu), ficou maravilhado com a diversidade do elenco. "E daí que as pessoas se comportam mal às vezes? Por mim, tudo bem, pelo menos elas estão se divertindo", disse o chefão do *X Factor* em uma entrevista ao *Daily Star*. "É preciso ter algum tipo de controle, mas no fim das contas você quer ver as diferenças de personalidade florescerem, então é divertido. Eles estão entrando no negócio da música pelos motivos certos. E isso não significa ficar sentado em uma biblioteca estudando até às três da manhã. Eu proibi a palavra 'jornada' no programa porque ela era parte fundamental disso tudo. Temos muito aquela conversa mole de 'Estou fazendo isso pela minha mãe que quebrou o pé'. Nunca comprei um álbum do David Bowie quando tinha 17 anos porque Bowie falou no *Top of the Pops* que estava vivendo uma jornada. Você gosta da música e do estilo de vida de quem canta. Estamos tentando evitar que os jovens venham com histórias tristes e patéticas e cantem canções velhas demais para eles esperando conquistar o público. Não quero que seja um concurso de popularidade. Acho importante que continue sendo uma competição de talentos. Estou apenas tentando estimular os participantes deste ano a agir de acordo com a idade que têm e a fazer o que gostariam se tivessem uma carreira de astro da música pop, além de tentar deixar todos mais tranquilos em relação a isso."

Quando o One Direction estava na casa de Simon, em Marbella, o empreendedor começou a perceber o que tinha em mãos. A banda iria apresentar "Torn" para ele quando, mais uma vez, houve um desastre: Louis foi picado por um ouriço-do-mar e precisou ser levado às pressas para o hospital. Mesmo sentindo dor, ele voltou a tempo de participar do programa: "Fui para o palco mancando e Simon riu de mim", contou ele depois ao *Daily Mirror*. "Foi um pesadelo, mas lutei contra a dor."

O chefão também ficou feliz. "Eles são ótimos", disse Simon a Sinitta, claramente satisfeito. "Pessoal, vou seguir meu coração. Vocês vão para a próxima fase." Outra batalha fora vencida.

Esta temporada estava sendo fantástica, mas o público nem sempre concordava com a opinião dos jurados — e não tinha medo de deixar isso bem claro: houve uma fúria popular quando Cheryl mandou Cher e Katie para as finais, excluindo Gamu Nhengu, a favorita dos espectadores. A situação logo ficou feia quando surgiu uma campanha no Facebook condenando Cheryl por essa decisão, e dizem que ela teria contratado mais seguranças para sua casa em Surrey. Na verdade, houve relatos de que o *X Factor* como um todo tinha aumentado a segurança, pois os espectadores ficavam cada vez mais envolvidos emocionalmente no resultado e ninguém queria correr qualquer risco. Mesmo assim, a audiência aumentava e, embora Simon tenha mostrado desprezo pelos que encaravam sua participação no programa como uma "jornada", o público seguia um caminho diferente. Havia uma vasta gama de histórias de vida sendo mostradas e os sentimentos geralmente afloravam com força.

Os programas ao vivo aconteciam no Fountain Studios, em Wembley, noroeste de Londres, com as apresentações sendo exibidas nas noites de sábado. Os resultados eram anunciados aos domingos. Cada semana tinha um tema diferente e os participantes iam sendo eliminados ao longo do processo.

Como dito anteriormente, a primeira música do One Direction como grupo foi uma versão acústica de "Torn", ainda na Judges' Houses. A apresentação deles foi considerada excelente por todos e também foi um leve tapa na cara de quem pensava que eles não funcionariam como grupo. Na primeira semana das apresentações ao vivo, eles cantaram "Viva La Vida". Na segunda, o tema era Heróis, em que cantaram "My Life Would Suck Without You". Todo mundo estava começando a prestar atenção neles: Cheryl os chamou de "lindos", Dannii disse que eram "cinco arrasadores de corações" (acertou em cheio) e Simon afirmou que o One Direction era a banda mais empolgante do país no momento. Era de virar a cabeça de qualquer um.

Eles também começavam a conquistar o público, sendo aprovados em todas as etapas, semana após semana. A próxima apresentação foi "Nobody Knows", seguida de "Total Eclipse of the Heart", e quando o Belle Amie foi eliminado na quarta semana da competição, eles eram os únicos sobreviventes da categoria grupos, orientada por Simon. É claro que, independente de quem vencesse, o chefão Simon seria beneficiado, pois o ganhador assinaria contrato com o selo Syco, mas, para criar uma dinâmica excitante entre os jurados, era muito bom que o One Direction continuasse na competição. Não que houvesse muito perigo de os meninos serem eliminados. Eles nunca estiveram entre os dois últimos — a zona de perigo na qual alguém tem que abandonar a competição —, e pareciam melhorar a cada semana, cantando "Kids in America", "Something About the Way You Look Tonight" e "All You Need is Love", sendo esta última uma escolha bastante apropriada, já que as garotas começavam a ficar loucas por eles.

Porém, agora que as apresentações eram ao vivo, a pressão começava a pesar. Harry ficou tão nervoso que vomitou no corredor antes de entrar no palco. Além disso, ele passou a ter ataques de pânico tão graves que precisou fazer exercícios de respiração para se acalmar, enquanto bebia água com gás para aliviar o estômago. Falaram até em chamar o famoso hipnoterapeuta Paul McKenna para ajudá-lo a superar seu medo de palco. No fim, a situação ficou tão grave que Harry começou a vomitar sangue e precisou ser levado ao hospital. Felizmente, o rapaz conseguiu melhorar a tempo.

Nenhum dos garotos tinha experiência em televisão ao vivo e a necessidade de desenvolver as apresentações de forma rápida, sem turnês ou sem cometer os erros que a maioria das bandas tem oportunidade de vivenciar longe dos olhos do público, deixava tudo mais difícil. Eles ainda eram jovens e, mesmo assim, não apenas estavam aparecendo e se apresentando em rede nacional como também viraram foco de intenso interesse da mídia. Até o artista mais experiente pode achar toda essa atenção invasiva. Já para os garotos, alguns dos quais (incluindo Harry) tinham acabado de sair da escola, toda a experiência era arrasadora. Ele sabia que precisaria aprender a lidar com isso, pois havia muito em jogo agora e não era possível voltar atrás.

Para piorar, houve um surto desenfreado de enfermidades nos bastidores. Niall teve laringite, vários outros competidores ficaram doentes e o próprio Simon ficou mal a ponto de não conseguir se levantar da cama (e os rumores diziam que ele consumia apenas mel e limão, pudim e canja de galinha feita pela mãe). Mas o fato é que ele não estava presente e isto levava o One Direction a perder ensaios e oportunidades de orientação, embora a ex-namorada de Cowell, Sinitta, tenha sido enviada para assumir o lugar dele.

Enquanto isso, artistas convidados apareciam para dar aos participantes um gostinho do mundo real: se eles vencessem, era isto que os esperava do lado de fora. Joe McElderry e Usher estiveram no primeiro show ao vivo com eliminação; Diana Vickers e Katy Perry no segundo; e Cheryl Cole e Michael Bublé no terceiro. Rihanna, Bon Jovi e Jamiroquai compareceram ao quarto programa; Shayne Ward e Kylie Minogue ao quinto; Take That, Westlife e JLS ao sexto e Olly Murs ao sétimo. Justin Bieber, The Wanted e Nicole Scherzinger marcaram presença na oitava semana; o elenco da série *Glee*, Alexandra Burke e Black Eyed Peas foram à semifinal; Rihanna e Christina Aguilera no primeiro episódio da final e o Take That, no segundo. Era um elenco estelar. Embora Harry e seus colegas de banda não fizessem ideia de que em breve seriam tão famosos e procurados quanto estes astros e estrelas, eles certamente estavam começando a se destacar. Brian Friedman, coreógrafo do programa, apoiou abertamente o One Direction, identificando com precisão o apelo crescente da boy band. "Eles são o que as pessoas querem no momento", contou ao *Daily Star*, acrescentando, em tom profético: "São jovens, bonitos e sabem cantar. Dá para imaginar mães e filhas de todo o país se apaixonando por eles."

3 A PRESSÃO AUMENTA

Ao longo da temporada começaram a surgir as usuais briguinhas de bastidores entre os jurados (que são ótimas para aumentar a audiência e o número de anunciantes). Louis disse a Cheryl: "Nem tudo gira ao seu redor, sabe?", enquanto ela o considerou "um velho idiota em busca de atenção". Simon, por sua vez, comentou que Cheryl parecia "menos laranja" que o normal, enquanto ela retrucou dizendo que os dentes dele estavam mais brancos do que nunca. Sem querer ficar para trás, os participantes também passaram a brigar entre si: Katie Waissel arrumou confusão quando deu a entender que transou com o grande favorito dessa temporada, Matt Cardle — uma história vista por muitos como uma tentativa baixa de se manter no programa. Matt contestou veementemente a afirmação, mas a trama deu certo e Katie não foi eliminada. Nada disso afetou a audiência do *X Factor*, embora tenha criado uma antipatia do público em relação a Katie, reforçando sua fama de manipuladora.

A jovem de 17 anos Cher Lloyd também ganhava fama. Rumores diziam que ela e Harry estavam ficando cada vez mais íntimos. Considerando os namoros posteriores do rapaz, a única surpresa aqui era o fato de ela ser apenas um ano mais velha do que ele. No entanto, o lado sedutor do rapaz ficava mais e mais claro. Embora não se saiba como o rumor do relacionamento veio à tona, ele não afetou negativamente os espectadores. Seja lá qual for a verdade, as apresentações faziam mais sucesso do que nunca: One Direction, Cher e Katie, junto aos outros participantes, quase causaram um tumulto quando Philip Green, dono das cadeias de varejo de moda Topshop e Top Man, convidou-os para renovar o guarda-roupa em uma de suas lojas. Foram necessários mais de quarenta seguranças para conter a multidão de fãs. Sinalizando que a pressão estava começando a pesar, Katie desmaiou — Harry não era o único que parecia sentir o fardo da fama recém-conquistada. Entretanto, o grupo também dava sinais de estar gostando da atenção, com relatos de que houve um pouco de inveja ao descobrir que a histeria geral não era apenas pra eles como também para os colegas do reality show Matt, Aiden Grimshaw e John Adeleye.

E a comoção nos bastidores não parava. Dizia-se que as brigas rolavam soltas sobre quem iria cantar o quê, com Katie Waissel supostamente se recusando a interpretar uma música do filme *Mogli, o menino lobo* chamada "I Wanna Be Like You". Já Aiden Grimshaw, Wagner Carrilho e Matt Cardle aparentemente temiam que as músicas escolhidas passassem a impressão de eles serem gays, pois os rapazes foram solicitados a cantar, respectivamente, "Diamonds Are Forever", "Spice Up Your Life" e "Baby One More Time". O One Direction estaria igualmente infeliz com a música "Nobody Knows". Apesar de tudo, toda publicidade é boa para o programa, e os garotos estavam se destacando mais do que nunca.

A esta altura, Simon claramente já tinha percebido o potencial do One Direction. "Assim que eles entraram no palco pela primeira vez, tive um sentimento engraçado", contou ele à *Rolling Stone* vários meses depois. "Eles já pareciam um grupo então. Tive uma sensação boa, mas ainda precisávamos esperar cinco semanas em que eles trabalhariam em conjunto. Os garotos precisaram voltar para outra etapa do programa, quando se apresentaram como uma boy band pela primeira vez.

Fiquei me perguntando se cinco semanas seriam suficientes, mas eles voltaram depois desse período e foram absolutamente sensacionais."

Nos reality shows de talentos, a grande história de sucesso nem sempre é a do vencedor. Geralmente se esquece, por exemplo, que Susan Boyle não ganhou o *Britain's Got Talent* (que tinha o mesmo grupo de jurados desta temporada do *X Factor*), tendo terminado em segundo lugar. Estava ficando cada vez mais óbvio que independente do resultado final do programa, o One Direction teria uma bela carreira pela frente. Embora eles fossem um grupo há poucos meses, já tinham um público considerável, inclusive com fãs para cada um dos integrantes. E, mais uma vez, Harry começava a se destacar de seus companheiros. Ele ainda lutava contra o nervosismo e o medo de palco, mas seu futuro ficava mais brilhante a cada minuto e prometia grandes recompensas. Todos os garotos começavam a perceber que poderiam ser um grande nome da música.

Junto com Matt Cardle, o One Direction era forte candidato a ganhar a temporada. O Belle Amie, equivalente feminino do grupo, já tinha sido eliminado do programa, salvando Katie Waissel e fazendo dos meninos os únicos artistas remanescentes da categoria orientada por Simon Cowell. O esperto chefão do programa lucraria independentemente do resultado, mas isto significava que outras pessoas da indústria fonográfica também se interessavam pelos rumos do programa. A esta altura, os meninos estavam começando a curtir a fama: a edição de Halloween do *X Factor* os fantasiou de vampiros adolescentes para a apresentação de "Total Eclipse of the Heart". Eles também compareceram a um tapete vermelho pela primeira vez, ao lado de outro famoso Harry, quando foram à estreia de *Harry Potter e as Relíquias da Morte* junto com Cher Lloyd. Embora tenham sido levemente ofuscados pelas estrelas do filme, especialmente por Daniel Radcliffe, os garotos ainda provocaram uma boa quantidade de gritos. Dizem que a própria Emma Watson torcia pela vitória deles.

A estranha transformação de artista em astro já estava começando para todos os cinco integrantes, e quanto mais famosos eles ficavam, mais a autoconfiança deles aumentava. A fama e o sucesso criam uma espécie de círculo virtuoso: quanto mais bem-sucedida e famosa a pessoa é, mais bem-sucedida e famosa ela será. Agora estava claro que os meninos tinham um futuro brilhante pela frente — tudo que restava era ver como a competição se desenrolaria. Os garotos ficavam meio perplexos com toda a atenção recebida, especialmente quando algumas fãs pediram autógrafo nas unhas dos pés, mas estavam lidando bem com isso.

Porém, como em tudo na vida, a fama tem lá suas desvantagens, e isto era mais sentido pelas participantes do sexo feminino. Katie Waissel, que ficou extremamente impopular entre os espectadores, declarou ao *Daily Star* que estava cada vez mais nervosa ao sair em público: "É uma situação muito intensa. Fico preocupada quando vou para a rua. Não sei qual vai ser a reação das pessoas à minha presença. Nós já saímos em grupo e tenho medo que as pessoas falem alguma coisa. No fim das contas, sou apenas uma garota de 24 anos e dói ser vaiada publicamente sem saber por quê. Eu estava ensaiando em Covent Garden outro dia e jogaram uma casca de banana em mim."

Nem mesmo os jurados estavam livres da pressão. As briguinhas continuavam e, embora muitas fossem encenadas, o tom dos comentários dava a entender que eles estavam ficando cansados uns dos outros. Não ajudou a melhorar o clima quando a participante Treyc Cohen foi eliminada no lugar da menos talentosa Katie Waissel, a quem Cheryl se recusou a indicar para sair, em uma jogada que foi vista como a jurada tentando proteger a artista orientada por ela. Isso levou a uma bronca de Simon e mais irritação nos bastidores. Por outro lado, também rendeu uma grande cobertura da mídia especializada, com críticas pesadas feitas a Cheryl que, embora fosse uma veterana casca-grossa da indústria do entretenimento, obviamente ficou um pouco irritada. Também acusaram o programa de ser armado e, mais uma vez, a sensação ruim generalizada tomou conta do ambiente, junto com as reações exageradas por parte dos envolvido no show.

No entanto, isso tudo realmente importava? Nem um pouco. No máximo, serviu de lição para Harry e os meninos sobre como gerar publicidade: Simon, Cheryl e os outros eram mestres em manipular a mídia, virando os fatos a favor deles e geralmente se saindo bem da situação. Embora Harry e alguns de seus novos amigos tivessem uma pequena experiência anterior com música, nenhum deles tinha visto o mundo do show business de perto e, dada a quantidade de atenção que a banda estava prestes a receber, o One Direction aprendia lições importantes sobre como lidar com a fama. Não que eles tivessem notado isso na época, mas, à medida que o programa foi avançando, com todas as intrigas e brigas internas, a tensão ficou maior, pois havia mais em jogo.

Os rumores de desentendimentos dentro da banda eram inevitáveis — e nada surpreendentes, especialmente considerando que os garotos se conheciam há poucos meses —, mas agora todos esperavam que eles se unissem para o bem maior. Quanto mais perto do objetivo eles chegavam, mais pressão sentiam. Eles ingressaram no programa como desconhecidos sem nada a perder, mas agora já tinham ido muito longe e, a essa altura, o estresse estava sempre presente.

Os jurados, sempre conscientes de que estavam entretendo a plateia, continuavam a brigar entre si. Cheryl ameaçou não votar se duas das artistas orientadas por ela fossem incluídas no *sing-off*, ao que Simon retrucou: "Cheryl é uma pirralha." Então, Louis entrou na briga, ironizando: "O tratamento estético que Simon fez no rosto antes do programa afetou o cérebro dele." O chefão respondeu chamando Louis de "porco malcriado". Dannii contra-atacou pedindo a Simon para dizer o nome de cada um dos integrantes do One Direction, o que ele não conseguiu fazer. "Ele nem mesmo sabe o nome dos artistas que está orientando", comentou Louis, feliz da vida.

Os participantes e os jurados uniram suas forças em um ataque conjunto a Wagner após ele ter dado declarações pouco sensatas a uma revista, descrevendo Cheryl como "apenas uma garota de família pobre que teve sorte na vida". Isso provocou um confronto agressivo (que foi exibido no programa) quando Cheryl fez questão de informar a Wagner do quanto ela se orgulhava de suas raízes. Formou-se uma desavença clara entre os dois, que foi aceita com entusiasmo pelos jornais e pelo público.

Até quem não estava envolvido no programa entrou na discussão. Sir Elton John, que jamais perde a chance de uma boa publicidade, lançou um ataque público ao *X Factor*, dizendo que o programa não preparava cantores para o estrelato e era "chato, uma imbecilidade que paralisa o cérebro". Aproveitando a oportunidade de provocação, os produtores imediatamente dedicaram o episódio seguinte a Elton John, fazendo com que os participantes cantassem algumas de suas músicas. No geral, os resultados foram terríveis, com a grande exceção sendo o One Direction, que se saiu muito bem com "Something About the Way You Look Tonight".

À medida que o programa continuava, o interesse do público aumentava. O grupo de participantes (agora reduzido a apenas 16) visitou o Headley Court Military Hospital, em Surrey, onde homens e mulheres feridos em combate no Iraque e no Afeganistão recebiam cuidados médicos. Todos os competidores deram conta do desafio, falando calorosamente sobre o espírito de luta e determinação mostrado por estes bravos veteranos de guerra enquanto lutavam para voltar à saúde. Katie, Matt, Cher e Zayn falaram da admiração que sentiam pelos soldados que perderam braços e pernas, e o clima de boa vontade aumentou quando todos os competidores cantaram "Heroes", de David Bowie, em um single cuja renda beneficiava a organização de caridade Help for Heroes. A música foi gravada em outubro, todos os finalistas a cantaram no programa exibido no dia 20 de novembro e o single entrou em primeiro lugar nas paradas do Reino Unido e da Irlanda.

A próxima noite temática foi dedicada aos Beatles. Katie fez uma versão decente de "Help!", Matt interpretou "Come Together", Cher cantou "Imagine" (que, tecnicamente, não é uma música dos Beatles, pois foi composta por John Lennon após o grupo se separar) e o One Direction ficou com "All You Need Is Love". Paije Richardson teve o azar de ser eliminado, enquanto o One Direction continuou firme no jogo.

Na reta final da temporada, o interesse da plateia pelo passado dos participantes ficou ainda maior. Os integrantes do One Direction teriam que se acostumar rapidamente ao público investigando suas vidas, mas, pelo menos, eles não estavam na mesma situação que Katie. O passado dela ganhou tons quase cômicos quando foi descoberto que sua avó, Sheila Vogel-Coupe, de 81 anos, era profissional do sexo (ainda ativa) e estrela de uma série de filmes pornográficos. A participante já estava sob muita pressão e temia-se que a notícia pudesse resultar em uma crise final, embora ela já fosse o alvo de tanta atenção da mídia que seria difícil mais uma crise afetá-la.

Não se sabe o que os garotos do One Direction pensaram sobre o assunto, mas eles pareciam bastante satisfeitos com o tipo de publicidade que recebiam. Certo dia, eles foram convidados a frequentar os bancos da primeira fila de um desfile de moda para o site very.co.uk, onde ficaram mais do que felizes em conversar com as modelos — especialmente Harry que, em uma indicação precoce de seu interesse em mulheres, foi visto batendo papo com uma menina particularmente bonita.

Katie e Wagner foram os próximos a sair do programa. Na ocasião, o cantor ameaçou escrever um livro contando tudo o que realmente aconteceu nos bastidores. Outros temores surgiram quando alguns dos participantes sentiram-se mal e foram obrigados a faltar às apresentações. Também havia o medo de Cheryl ter uma recaída da malária que a afetou no início do ano. Contudo, o One Direction tinha outras coisas para se preocupar — especialmente com as possíveis complicações que o sucesso poderia lhes causar. Eles foram consistentemente bem ao longo da temporada, mas isso em si poderia ser perigoso. "O que sempre me preocupa é que é fácil para as pessoas em casa olharem para nós e pensarem: 'Eles estão seguros porque nunca ficaram entre os dois últimos', mas esse não é o caso", contou Louis, temeroso. "Pelas edições anteriores do programa, está claro que ninguém nunca está seguro. Esta é a temporada mais imprevisível de todas. As pessoas podem ver nossas jovens fãs e pensar que não precisam votar em nós. Mas eu espero que votem."

Quem não parecia preocupado era Simon Cowell. Àquela altura, ele já deixara claro que, qualquer que fosse o resultado do programa, planejava assinar contrato com Matt, Rebecca Ferguson, Cher e o One Direction, como Sinitta, sua ex-namorada e eterna confidente, confirmou: "Simon definitivamente quer ser o empresário desse pessoal. Ele sabe que todos eles têm um potencial imenso." Simon também aborreceu os fãs ao declarar publicamente que Cheryl deveria participar do primeiro álbum de Cher. No entanto, se tudo isso tinha o objetivo de aumentar o interesse pelo programa, estava funcionando: no início de dezembro de 2010, um recorde de audiência foi batido quando 20 milhões de espectadores sintonizaram para ver a funcionária da Tesco, Mary Byrne, ser eliminada do *X Factor*. Enquanto isso, as finais se aproximavam e Cher, Matt, Rebecca e o One Direction tinham chegado lá.

A saída de Mary não foi muito bem aceita por parte dos espectadores e nem pela própria Mary, que acreditava não se encaixar na imagem que Simon queria projetar. Ela fora extremamente popular, uma das favoritas do público, além de um dos sucessos mais surpreendentes do programa. Por isso, ficou extremamente chateada por ter sido eliminada pelo voto e bastante disposta a confirmar as suspeitas de alguns dos críticos do *X Factor*: "Não é o programa que todos pensam que é", acusou ela em uma entrevista ao *Mirror*.

"Eu sabia que o público tinha votado a meu favor e realmente pensei que o resultado seria baseado apenas nisso. Foi somente na noite de sábado que descobri que haveria um *sing-off* no qual os juízes decidiriam quem ficaria no programa. É óbvio que Simon não me queria na final — e até entendo isso, pois não sou tão fácil de vender quanto Cher. Portanto, ele nunca iria me deixar passar para a etapa seguinte. Eles armaram tudo para que eu perdesse. A opinião do público não importava", acusou Mary. Na verdade, a saída dela causou um rancor tão grande que Simon foi obrigado a publicar uma carta aberta em um jornal para rebater as acusações de armação. O problema de criar um monstro, seja ele um competidor de sucesso ou o próprio programa em si, é que, às vezes, ele pode sair do controle.

O interesse do público e da mídia especializada estava mais intenso do que nunca, e todos os envolvidos estavam determinados a aproveitar isso ao máximo. De fato, eles até apareciam separadamente em diferentes meios de comunicação. Cher foi fotografada às lágrimas quando alunos de sua antiga escola lhe deram flores e um cartão de boa sorte. Além disso, ela e Cheryl precisaram de escolta policial quando visitaram Malvern, em Worcestershire. Enquanto isso, Matt fez um pequeno show no restaurante favorito de sua cidade, The Five Bells, em Colne Engaine, Colchester, onde foi recebido por uma multidão.

Tudo isso, contudo, perdia feio na comparação ao tratamento dado pelos fãs ao One Direction. Primeiro, eles visitaram a cidade natal de Harry, Holmes Chapel, em Cheshire. Depois, fizeram uma apresentação ao ar livre na Queen Square, em Wolverhampton, onde Liam nasceu. A excitação gerada na multidão de mais de 4 mil pessoas foi tão grande que 35 delas precisaram receber tratamento médico devido a lesões de menor gravidade. Era um sinal claro (se é que eles ainda eram necessários) de que os garotos tinham cultivado um imenso número de seguidores e seriam grandes astros.

Todos os envolvidos com o programa estavam satisfeitos. Apesar de críticas da indústria musical, especialmente daquelas vindas de Sir Elton John, a temporada gerou bastante interesse e audiência. Dessa forma, o futuro do *X Factor* parecia certo. "Se você pensar nos programas musicais de alguns anos atrás, eram todos chatos", gabou-se Simon Cowell ao *Daily Express*. "No nosso programa, os artistas realmente precisam preparar uma apresentação, e acho isso muito saudável. Tenho feito o possível para deixar o *X Factor* melhor a cada ano. Prefiro ser polêmico a ser chato e previsível. Nem sei se Cheryl, Dannii e Louis estarão de volta no ano que vem. Tudo é renovado e repensado a cada temporada. Nem mesmo sei se *eu* vou voltar — mas o *X Factor* vai!"

No entanto, ninguém se saiu melhor depois do fim do *X Factor* que o One Direction. Eles já tinham sido vistos no escritório londrino de Cowell e, durante uma etapa do programa, o chefão disse: "Eu assinaria com eles agora mesmo, se esta audição tivesse sido feita em meu escritório." Ele também parecia gostar dos garotos em nível pessoal, comentando: "Eles são muito educados com a equipe. Você sempre sabe como um artista realmente é se ele é educado por trás das câmeras e pela maneira que trata a equipe, as pessoas ao redor e os fãs. Esses meninos são ótimos. Eu sinceramente espero que ganhem." Em outras palavras, os garotos já estavam sendo incrivelmente profissionais, entendiam o que se esperava deles e perceberam que esta era a grande oportunidade e que não deveriam perdê-la de jeito nenhum.

O outro jurado, Louis, claramente acreditava que Cowell já planejava o futuro do One Direction, especialmente porque o grupo representava uma grande oportunidade de mercado. "Claro que precisamos de outra boy band. Sempre há espaço para bandas desse tipo, e o One Direction é a boy band perfeita. Toda uma nova geração vai amar esses meninos. Eles são uma versão mais jovem do Westlife ou do Take That."

À medida que a esperadíssima final se aproximava, o drama continuava a se desenrolar nos bastidores. Cher, que parecia ter tomado o posto de Katie como a *drama queen* oficial do programa, teve um ataque histérico em uma coletiva de imprensa quando soube de uma campanha de ódio contra ela, mas pareceu voltar ao estilo alegre de sempre quando foi ensaiar para a final. "As pessoas ficam me dizendo que pareço estar mais feliz esta semana, e elas têm razão", disse a moça aos repórteres. "Reconquistei minha energia. Acho que é porque o estresse diminuiu um pouco. Sei que não vou ganhar, então consegui relaxar. Cheguei até onde queria e estou muito, muito orgulhosa de mim mesma. Acho que outra pessoa merece ganhar." Palavras muito diplomáticas, sem dúvida. Enquanto isso, o One Direction foi escolhido para se apresentar com Robbie Williams na final, um sinal claro do quanto eles estavam bem cotados.

Cher foi sábia ao prever sua partida, pois foi a primeira dos quatro finalistas a sair da final, certa de que conseguiria fazer sucesso sozinha. Àquela altura, todos os olhos se voltaram para o One Direction, que fez uma apresentação extremamente louvável de "Your Song", de Elton John, e um dueto com Robbie em "She's the One". Simon tentou acabar com as especulações de que já havia garantido um contrato do One Direction com a gravadora dele, dizendo que os garotos ainda precisariam vencer o programa se quisessem continuar a carreira, mas era claro que o grupo estava à beira de um grande sucesso.

E Simon foi o primeiro a se contradizer quando o momento finalmente chegou. Na final do programa, embora tenham interpretado "Torn", de Natalie Imbruglia, de forma emocionante, e Simon ter comentado que eles "mereciam ganhar", o One Direction foi o primeiro a ser votado para sair, fazendo de Matt Cardle o vencedor. "Fiquei totalmente arrasado por eles. Mas este é apenas o começo para esses garotos", disse Simon, parecendo ter esquecido suas palavras de apenas alguns dias atrás. Os próprios meninos superaram a decepção reconhecendo que tinham futuro como grupo. "Definitivamente vamos ficar juntos. Este não é o fim", confirmou Zayn.

E não era mesmo. Para começar, Harry conseguiu uma vitória: ficou em primeiro lugar em uma pesquisa feita pela marca de produtos capilares Brylcreem, que o considerou "melhor cabelo de celebridade". Além disso, o One Direction ficou em terceiro lugar como celebridade estreante mais comentada do ano em uma pesquisa feita pela agência PHD, que verifica o quanto as celebridades são mencionadas na internet (em primeiro ficou Cher, seguida por Matt).

A empresa de gerenciamento musical de Simon Cowell, Syco, não perdeu tempo e assinou um contrato de 1,2 milhão de libras com os garotos. O grupo foi convocado ao escritório dele. "Tomei uma decisão", disse o chefão em tom sério.

Zayn captou a mensagem: "Houve uma pausa dramática muito longa e, após isso, ele disse que iria assinar com a gente. Harry começou a chorar e o restante de nós ficou de queixo caído." "Era o que eu mais queria ouvir naquele momento", exultou Harry.

E assim, em poucos meses, a vida daqueles meninos se transformou. Passando de totais desconhecidos a integrantes de primeira linha do pop, o One Direction encontrara o sucesso mais rapidamente do que praticamente todos os envolvidos nesse tipo de reality show, com a possível exceção de Susan Boyle. Exatamente como ela, os garotos não tinham vencido o *X Factor*, mas tinham um futuro brilhante pela frente e, repetindo o feito de Susan, também não demoraria muito para alcançarem a fama mundial. Os garotos eram astros, tanto separadamente quanto em grupo, e logo teriam o mundo a seus pés. Haveria muito trabalho, ensaios e uma vida aberta ao escrutínio público, mas eles sabiam que valeria a pena. Os meninos estavam recebendo uma oportunidade com a qual a maioria das pessoas nem poderia sonhar — e não iriam estragar tudo agora.

Era uma perspectiva incrível e algo para o qual eles não poderiam ser preparados, não importa o quanto fossem otimistas. De agora em diante, os garotos teriam que aprender ainda mais rapidamente a dar conta de todas as mudanças que ocorreriam em suas vidas, e isso se aplicava mais a Harry do que aos outros. Ainda com 16 anos e vindo de uma família convencional de Cheshire, ele estava prestes a passar de estudante comum a superastro em poucos meses. Afinal, quem era Harry? E como era a vida dele até agora?

4 NASCE UMA ESTRELA

Era 1º de fevereiro de 1994. No encantador vilarejo de Holmes Chapel, em Cheshire, norte da Inglaterra, Anne Cox e Des Styles estavam muito felizes. Ela acabara de dar à luz o segundo filho do casal, um menino chamado Harry Edward Styles, dois anos mais novo que sua irmã, Gemma. A família agora parecia completa e feliz em meio ao estilo de vida da classe média, sem saber que o garoto que nascera há poucos minutos se tornaria um dos principais ídolos do mundo. Harry foi uma criança muito interessante: fotos da época mostram um garotinho cheio de vida, com um sorriso atrevido e olhos grandes. Ainda não havia sinal de seu famoso cabelo: o jovem Harry tinha cabelo castanho-alourado, cortado no estilo "cuia", em vez das famosas madeixas que um dia o destacariam da multidão.

O pequeno Harry tinha uma característica levemente incomum: quatro mamilos. Dois eram do tamanho normal, mas havia outros dois menores, localizados mais abaixo no peito. Contudo, todos os outros aspectos estavam de acordo com o esperado: ele cresceu rapidamente, convivia bem com Gemma, tinha uma série de brinquedos favoritos (incluindo um ursinho de pelúcia) e virou a alegria dos pais. No fundo, porém, nem tudo ia perfeitamente bem. Anne e Des começaram a se afastar e havia sinais de que o casamento não duraria para sempre. Harry, infelizmente, seria fruto de um lar desfeito.

No entanto, o início de sua infância foi passado com ambos os pais. Inicialmente, a vida em casa era tradicional: Des era diretor de vendas e marketing e Anne trabalhava em um escritório. Dessa forma, as crianças cresceram em um confortável lar de classe média. De acordo com o pai, a comida favorita de Harry quando criança eram gomos de tangerina. Quando ficou mais velho, ele se tornou um excelente cozinheiro, além de ser bom de garfo.

A primeira escola de Harry se chamava Happy Days (que, em português, significa Dias Felizes), um nome bastante adequado para seu jeito alegre, e Harry ainda tem boas memórias de lá. Na escola, ele já começava a demonstrar sinais consideráveis do charme que o levaria longe. "Eu me dava muito bem com minha professora da pré-escola, porque ela também era minha babá. então acho que ela me dava todos os brinquedos legais antes de dá-los para os outros alunos", confessou ele. Na verdade, Harry era uma criança tão agradável que não é surpresa alguma os professores gostarem dele. O futuro integrante do One Direction também se dava muito bem com os colegas, tendo facilidade para se enturmar. Além disso, é revelador que Harry também achava fácil fazer amizade com as meninas, não sendo um daqueles garotos interessados somente em brincar com crianças do mesmo sexo.

Mesmo naquela época, Harry já dava sinais do que estava por vir, pois ele era uma criança extremamente musical. Ele adorava Elvis Presley, músico apresentado a ele por seu pai, e ouvia suas músicas pela casa toda, sendo que sua favorita era "The Girl of My Best Friend". Esta paixão se intensificou ainda mais quando o pai, o avô e um primo se juntaram para comprar uma máquina de karaokê para ele, dando a Harry mais oportunidades de cantar. Ele também amava os Beatles — sem saber que um dia a histeria envolvendo o One Direction seria comparada à Beatlemania — e era sempre estimulado a cantar pela família. Aquela máquina de karaokê funcionava como os primeiros ensaios: embora

Harry estivesse apenas se divertindo, sem pensar que o hobby se tornaria sua profissão, ele melhorava no que fazia, pois praticava o tempo todo. Não só ele estava desenvolvendo sua voz para o canto, como aprendia a se apresentar, algo que lhe seria muito útil e lhe daria uma posição de destaque no futuro. Outros aspectos da personalidade musical dele também começaram a surgir, como o pouco divulgado talento para tocar um instrumento chamado kazoo.

Desde muito cedo ficou claro que Harry tinha olho para as garotas. Aos 6 anos, ele ficou muito amigo de uma menina da mesma idade chamada Phoebe Fox, filha de uma das melhores amigas da mãe dele. "Comprei para ela um ursinho de pelúcia igual ao meu", revelou Harry ao *Sun*. "Phoebe era uma garotinha linda." Ele também era um garotinho lindo, cultivando as amiguinhas e fazendo sucesso no pátio do colégio. Não surpreende que, mais tarde em sua vida, as meninas e mulheres se jogassem em cima dele, pois Harry tem uma imensa quantidade de charme.

Harry também adorava animais e seu primeiro bichinho de estimação foi um cachorro chamado Max (depois veio um hamster chamado Hamster). Ele continuou a ter uma infância relativamente normal, desenvolvendo outras habilidades, como fazer malabarismo e tricô, e indo muito bem na escola. No geral, a vida era bem feliz — até acontecer o desastre.

Quando Harry tinha 7 anos, Anne e Des anunciaram o divórcio. "Foi uma época difícil", disse Harry ao *Sun*. "Eu me lembro de chorar bastante por isso. Não entendia muito bem o que estava acontecendo, apenas estava triste, pois meus pais não ficariam mais juntos." Na verdade, Harry ficou arrasado. Ele e Gemma eram muito novos (ela tinha apenas 9 anos), e ambos eram muito ligados aos pais. Até onde constava, a família parecia relativamente feliz — Harry estava indo bem na escola e tinha vários amigos. Então, por que precisava acontecer este abalo sísmico no lar?

A situação mexeu com todos e, embora Harry e Gemma continuassem próximos aos dois pais, a vida que eles conheciam estava prestes a mudar para sempre. Divórcios assustam as crianças e, ainda que pareça um exagero sugerir que a atração de Harry por mulheres mais velhas venha do divórcio e de uma necessidade de ser cuidado por uma mãe, é possível que haja uma relação entre estes dois fatos. De qualquer modo, isso certamente destruiu a ilusão de que eles eram uma família feliz, e Harry ficou devastado.

Posteriormente, Des confessou que o episódio ainda o perturba. "Harry só tinha 7 anos quando sentei com eles e contei que estava indo embora", relembrou ele ao *Daily Record*. "Todos nós choramos. Estávamos na sala, com Gemma e Harry sentados no chão, e Anne e eu no sofá. Em geral, eu não via Harry chorar tanto quanto as outras crianças. Ele não era um bebe chorão ou emocional, mas, naquele momento, ele chorou. Esse foi provavelmente o pior dia da minha vida."

Também não foi um dia feliz para Harry e Gemma. As crianças ficaram tão angustiadas pela separação dos pais que Anne e Des ainda tentaram se acertar, mas, no fim das contas, de nada adiantou. Des fez questão de fazer tudo direitinho e continuou a ser um pai responsável, mantendo contato e vendo os filhos regularmente, além de assegurá-los financeiramente. Ele apenas não conseguia mais viver com a esposa. Anne sentia o mesmo; portanto, foi uma decisão mútua. O casamento não podia mais continuar.

"Eu não fui embora, pura e simplesmente. Eu e Anne decidimos que o divórcio era a melhor saída", contou Des ao *Daily Record* após o filho virar um fenômeno global. "As coisas não andaram muito bem por um tempo e foi melhor seguir em frente. Na época, todos nós ficamos às lágrimas, mas as crianças se recuperam logo. Claro que eu sentia falta dele e da Gemma — só sendo um monstro para não sentir. Foi difícil. Eu costumava dar comida a ele toda noite às 22h30, trocava sua fralda, colocava-o na cama — e, de repente, eu não estava mais morando com eles. Eu costumava ver Harry e Gemma mais ou menos de duas em duas semanas. Sempre paguei a pensão deles e, quando podia, também dava apoio emocional. Não sou um pai ausente. Foi difícil deixá-los, mas essas coisas acontecem."

Com certeza, foram momentos complicados. A família saiu de Holmes Chapel e foi para a região rural de Cheshire, aumentando a sensação de que tudo estava mudando — e não era para melhor. O fato de Harry ter sido atacado por um bode aos 10 anos também não ajudou. Na verdade, isso o deixou com medo de bodes até hoje, e a família viveu alguns anos ruins até a poeira baixar e eles conseguirem ser felizes de novo. Um lado positivo era que a relação de Harry com a mãe ficou mais próxima do que nunca. Hoje, provavelmente, ela é a mais conhecida das mães dos integrantes do One Direction, especialmente por ser usuária ativa do Twitter. Anne fez questão de estimular Harry, protegê-lo ao máximo das ramificações do divórcio e criá-lo para ser um homem. Ela estimulou as ambições do menino, confiou nele e lutou para garantir que o filho não fosse prejudicado pelo que aconteceu. Os dois ficaram ainda mais unidos, e Harry, por sua vez, deu apoio emocional à mãe quando ela precisou.

Aos 12 anos, a vida de Harry mudou novamente, mas, dessa vez, para melhor. Primeiro, para alívio do restante da família, eles voltaram a morar em Holmes Chapel. Em segundo lugar, Anne conheceu Robin Twist, o homem com quem ela se casaria e que se tornaria o padrasto de Harry. O garoto se deu bem com Robin desde o início e ficou muito feliz com o casamento. Apesar de ainda ser novo, Harry também arrumou algumas namoradinhas. A primeira foi uma menina chamada Emilie, seguida por outra, de nome Abi, e Harry deu seu primeiro beijo aos 11 anos.

Ele estudou na Holmes Chapel Comprehensive School, escola secundária que atende a vários estudantes da região mais rica de Cheshire. Harry era um aluno popular, embora um pouco agitado, e desenvolveu o hábito de mostrar a bunda — às vezes, usando um fio dental e, outras vezes, não —, revelando um gosto por andar nu que persiste até hoje. Quando a vida doméstica ficou mais tranquila, a infelicidade pelo divórcio dos pais saiu do foco, dando tempo ao jovem para construir sua vida. Ele também era um jogador de futebol talentoso, atuando como goleiro em um time local e tendo a torcida da mãe todos os domingos, fizesse chuva ou sol.

Harry era particularmente popular entre as meninas do colégio, algo que ele depois atribuiu à tranquilidade que sente na companhia de mulheres. "Tive muitas amigas na escola e cresci com minha mãe, Anne, e minha irmã mais velha, Gemma, então talvez isso venha daí. É muito natural e nunca me senti estranho entre mulheres", contou ele ao *Sun*. Imagens do baile de formatura mostram Harry cercado de garotas, posando feliz para uma grande quantidade de fotos, totalmente tranquilo em companhia feminina. Talvez não surpreenda que Harry acabasse sendo o integrante mais popular do One Direction.

O jovem Harry também podia ser um pouco difícil de lidar. Um de seus melhores amigos, Will Sweeney, disse ao *Sun* que os dois eram o terror do supermercado local: "Agíamos como tremendos idiotas em público. Harry ia a um supermercado fingindo ter síndrome de Tourette e ficava gritando por todo o local. Nós jogávamos mercadorias um no outro, fazíamos a maior bagunça. Às vezes, a gente brincava de um jogo em que você pega alguma coisa e joga por cima da cabeça sem saber onde a outra pessoa está, e ela tinha que tentar pegar. Nós usávamos todo tipo de objeto: pão, potes de molhos... Harry jogava objetos em todas as direções. Certa vez, ele e eu levamos uma bronca em uma Waitrose porque gritamos 'meleca' o mais alto que podíamos. Cada um tentava gritar 'meleca' mais alto que o outro, então berrávamos até ficar com o rosto azul. Harry adorava. Ele sempre queria se divertir, fazer maluquices, dar risada e nunca ligou para o que os outros pensavam."

Apesar disso, ele era um filho bastante atencioso. "Harry é um menino muito bom", disse sua mãe à revista *Teen Now*. "Diversas vezes, quando eu tinha um dia particularmente ruim no trabalho, voltava para casa e descobria que ele havia me preparado um banho, enchido o banheiro de velas e até feito o jantar. Ele costumava me expulsar da cozinha e dizer que estava tudo sob controle." Além de ser solícito com a mãe, Harry já era um cozinheiro de talento, o que contava como um de seus hobbies, junto com o badminton que jogava nas horas vagas.

Mesmo morando longe, Des também ficava de olho no filho, cumprindo os deveres tradicionais de pai. "Nunca precisei sentar com ele e falar de onde vêm os bebês. Tentei ensiná-lo ao longo da vida", contou ao *Daily Record* "Tínhamos essas conversas e era quase como se ele dissesse: 'Sim, pai, eu sei disso', em vez de ficar cheio de nojinho e dizer: 'Ai, pai, pare de falar essas coisas', como fazem alguns garotos por aí."

O primeiro relacionamento para valer de Harry aconteceu quando ele tinha 15 anos. A sortuda se chamava Felicity Skinner e virou objeto de muita curiosidade e inveja quando Harry conquistou fama global. Loura, bonita e alegre, Felicity até se viu seguida no Twitter por fãs do One Direction, mesmo não vendo Harry há alguns anos.

"Ele era um ótimo namorado, muito romântico e, sim, tímido", revelou Felicity à *People*. "Era bonito, e eu, obviamente, o achava muito atraente. Ficamos juntos por menos de um ano. Liv, uma amiga minha, nos apresentou. Ela morava na mesma cidade que Harry. Era um relacionamento à distância, mas muito divertido. Nós nos gostamos logo de cara e nos demos muito bem. Ele tem um sorriso lindo. Começamos a nos ver quando tínhamos uns 15 anos. Harry era muito carinhoso. Foi uma paixão adolescente e definitivamente fomos o primeiro amor um do outro."

Mas o relacionamento não durou. Fora o problema da distância, os dois eram muito jovens e tinham um grande futuro pela frente. Apesar de tudo, a duração relativamente longa indicava a maturidade emocional de Harry, que, é claro, voltou a aparecer com seu gosto por mulheres mais velhas. Em mais um sinal do que estava por vir, Harry também costumava cantar para ela, significando que Felicity tinha pelo menos uma ideia do que o namorado queria da vida.

"Não houve um motivo real para nossa separação", relembrou Felicity. "Simplesmente nos afastamos. Acho que a distância não ajudou e éramos muito jovens. Foi triste quando terminamos, mas agora estou feliz. Quando Harry ficou famoso, eu achei um pouco estranho, porque o conhecia antes de tudo aquilo acontecer e tínhamos namorado, mas não penso mais nisso. Acho engraçado quando ouço Harry falando ou cantando no rádio. Agora, já me acostumei e tenho muito orgulho dele. As pessoas sempre dizem que tive sorte por ter saído com ele, mas acho que ele é que foi o sortudo. Mantivemos contato até uma semana antes da Judges' Houses. Depois, não nos falamos mais."

Enquanto isso, Harry começava uma atividade extracurricular que iria lhe render vantagens no futuro. O One Direction não foi a primeira banda do rapaz. Inicialmente, ele foi vocalista de uma banda chamada

White Eskimo, da qual seu amigo Will Sweeney ainda faz parte. Eles entraram em uma competição quando ainda estavam no colégio e ganharam. Depois, começaram a se apresentar em alguns locais da cidade e existem vídeos de Harry e da banda no YouTube quando ele dava os primeiros passos no ofício. Mesmo sendo um amador, Harry já se destacava, e a experiência foi imensamente útil no sentido de ensiná-lo a se apresentar para grandes plateias. Apesar da intensidade do medo de palco que sentiu no *X Factor*, Harry, na verdade, se apresentava desde a adolescência.

A essa altura, porém, não parecia haver muita perspectiva de Harry fazer uma carreira no mundo da música. A escola ainda tomava boa parte de seu tempo e, como muitas pessoas, Harry arrumou um emprego de meio período trabalhando na W. Mandeville Bakery, em Holmes Chapel. Lá, ele ganhou popularidade (como acontecia em todos os lugares) e rapidamente se tornou um funcionário conceituado. E, também como sempre, ele era bastante popular entre as garotas.

"Foi o funcionário mais educado que tivemos. Os clientes realmente se encantavam com ele", disse o ex-chefe Simon Wakefield à revista *Heat*. "A loja teve um aumento súbito no fluxo de garotas enquanto Harry trabalhou aqui, às vezes vinham 12 de uma só vez. Até hoje, um grupo de vinte meninas vem para tirar fotos da loja. Ele tinha um jeito descontraído, que as garotas adoravam. E a voz rouca atraía as mulheres, além do charme incrível."

Mas Harry não estava lá apenas para encantar as moças. Ele também mostrou sinais da maturidade profissional que é necessária para fazer sucesso no show business. Pode parecer que não há muito em comum entre trabalhar em uma padaria e ser astro pop, mas Harry trouxe a mesma atitude para ambos. Ele não fugia da responsabilidade, estava preparado para trabalhar muito e rapidamente se fez indispensável no emprego.

"Ele trabalhava duro", revelou Simon Wakefield. "O serviço dele era atender os clientes, limpar os fundos da loja, esfregar o chão, lavar as bandejas e limpar o balcão. Limpar o chão era o pior trabalho, mas nunca o ouvi reclamar. Harry gosta de comer e devorava nosso brunch especial, que tinha bacon, feijão, salsicha e queijo. Toda manhã, ele fazia uma grande caneca de chá e comia uma das refeições do brunch. Depois, ele finalizava com uma boa porção de creme inglês ou biscoito amanteigado de caramelo. Quando não tínhamos clientes, era engraçado porque ele começava a cantar na frente de todos os funcionários. Então, sempre soubemos que ele levava jeito, até nos acostumamos com isso. Ele nem fazia isso nos fundos, era na parte da frente da loja."

Cantar virou algo recorrente. Harry cantava em todo lugar que ia. Fosse para a namorada, no trabalho ou com a banda nos momentos de lazer, a música era parte fundamental da vida dele. E o rapaz não apenas era dono de uma boa voz, como tinha algo igualmente importante em um astro: carisma. Quando Harry estava no palco, mesmo no início, com o White Eskimo, ele era o centro das atenções. Todos os olhos se voltavam para ele, motivo pelo qual, mesmo na época, permitia prever que Harry seria um sucesso.

E este sucesso estava se aproximando cada vez mais, embora, naquela época, Harry ainda morasse com os pais. Depois de Gemma ter saído de casa para fazer faculdade, Harry e a mãe ficaram ainda mais próximos. "Éramos só nos dois", contou ela à *Teen Now*. "Passei por um momento muito difícil quando a irmã dele saiu de casa. Era a tal síndrome do ninho vazio. Fiquei em casa com Harry por um ano, então nos tornamos ainda mais unidos." Robin ainda estava presente, é claro, mas era uma época de transição, na qual as crianças cresciam e se preparavam para sair da casa dos pais.

No caso de Harry, não estava totalmente claro o que o futuro lhe reservava. Aos 16 anos, ele terminou o ensino médio, percebendo que queria ingressar na carreira de músico, mas era realista o suficiente para saber que a indústria fonográfica é extremamente insegura e que poderia ser uma boa ideia ter outra opção. Por isso, ele pensou em prestar vestibular para Direito, Sociologia e Administração. Nesse meio tempo, contudo, o destino interviu antes que isso fosse necessário.

Também havia outros elementos em jogo. Harry estava ficando inquieto. Quando o rapaz descreveu Holmes Chapel como um local "bem pitoresco, mas muito entediante", ficou claro que ele procurava ampliar os horizontes. A região rural de Cheshire é extremamente pitoresca, é verdade, mas não é o ambiente certo para alguém que queira dar voos mais altos e virar um astro pop. Se Harry realmente queria deixar sua marca no mundo, teria que se mudar.

Nessa época, ele decidiu tentar a sorte no *X Factor*, mas não foi uma decisão fácil. Afinal, Harry estava em uma banda e, se fosse participar sozinho, teria que sair da White Eskimo — pelo menos temporariamente. Ele fez isso e, embora a banda não tenha se separado, ela foi deixada de lado quando Harry deu seus primeiros e hesitantes passos em sua nova carreira.

Todos o ajudaram nessa empreitada. A mãe de Harry sempre apoiava o filho em tudo o que ele fazia, mas este era um grande passo: um teste no mundo do show business. Harry era um jovem extremamente carismático e talentoso; mesmo assim, o que aconteceria se ele não fosse bem? A decepção seria demais para ele? Como o garoto lidaria com o estresse?

Harry quase descobriu o que aconteceria se não fosse bem, pois ele só foi salvo pela decisão de última hora de juntar cinco cantores e transformá-los no One Direction. Após sofrer do mais terrível medo de palco, ele também descobriu o quanto poderia ser difícil lidar com o estresse. O que estava prestes a acontecer com ele ia além de seus sonhos mais loucos. Mesmo quando Harry e os garotos descobriram que iriam virar um grupo ou quando souberam do contrato com a gravadora do Simon Cowell, eles não faziam ideia do que aconteceria a seguir.

O One Direction tinha sido comparado aos Beatles, algo que o próprio Harry foi sensato o bastante pra considerar como "bobagem", mas em um aspecto a semelhança é inegável: a quantidade de atenção que eles estavam prestes a receber. Afinal, em pouco tempo os garotos se tornariam uma sensação, estourando nos Estados Unidos, ganhando reconhecimento global e ficando famosos quase da noite para o dia. Ninguém gostou mais deste processo que Harry, e ninguém apreciou as vantagens mais do que ele — principalmente quanto a ter uma vida amorosa ativa. Harry sempre gostou de mulheres e nunca teve problema para atraí-las, mas a vida que teve até então nem poderia começar a se comparar com a que viria pela frente.

5 OS GAROTOS SE LANÇAM

E a temporada chegou ao fim. Tinha sido um bom *X Factor* para Simon Cowell: além de contratar o vencedor, Matt Cardle, para o selo Syco, ele também ofereceu contratos a Rebecca Ferguson, Cher Lloyd e, é claro, ao One Direction. Os meninos já tinham alcançado grande sucesso ao participarem do programa; agora, bastava apenas transformá-los em astros.

Também havia muito dinheiro em jogo. Embora os boatos alegassem que cada um dos garotos tivesse recebido apenas 8 mil libras, o contrato como um todo valia mais de 2 milhões. Era um investimento e tanto até mesmo para o milionário Simon e, além disso, havia o desejo de aproveitar a onda. Os garotos podem ter ficado apenas em terceiro lugar no programa, mas chamaram a atenção do público e todos queriam faturar em cima disso antes de o grupo cair no esquecimento — não que houvesse muita chance de isso acontecer. A indústria basicamente concordava que eles eram novos astros em ascensão, com um imenso futuro pela frente. Bastava apenas planejar os detalhes.

Os integrantes do One Direction foram aos Estados Unidos encontrar produtores e compositores. Eles trabalhariam com o produtor RedOne, além de Carl Falk, Savan Kotecha, Steve Mac e Rami Yacoub. Na verdade, nenhuma música seria gravada até outono, mas a expectativa já estava criada. Nesse meio tempo, um livro detalhando a vida deles até o momento foi lançado: *One Direction — Forever Young: Our Official X Factor Story* foi direto para o topo da lista de mais vendidos do *Sunday Times*. Eles foram até alvo dos comediantes Ant e Dec ("Adorei interpretar o adolescente. Eu me senti no One Direction!", comentou Ant sobre o esquete feito pela dupla). Considerando que eles ainda iriam lançar um single e fazer a turnê do *X Factor*, isto indicava o quanto o grupo tinha avançado rapidamente. Voltando de Los Angeles, o One Direction foi recebido por uma multidão no aeroporto Heathrow e houve relatos de que a organização Comic Relief teria pedido ao grupo para gravar o single de caridade daquele ano. A honra acabou ficando com o grupo The Wanted, com direito a boatos de que Simon teria vetado a iniciativa por achar que este não era o próximo passo certo para o One Direction.

Outra indicação do que estava por vir aconteceu em fevereiro de 2011, quando a turnê de 51 shows do *X Factor* começou em Birmingham. Matt, Rebecca, Cher e Wagner tiveram uma recepção empolgada, bem como Aiden Grimshaw, Paije Richardson, Katie Waissel e Mary Byrne, mas isso não era nada comparado aos gritos do público quando o One Direction entrava no palco. Os garotos eram, sem dúvida, os astros do show e ofuscaram todos os outros artistas. Matt pode ter sido o vencedor do programa, mas não conseguia competir com Harry, Niall, Liam, Zayn e Louis, que pareciam estar lidando incrivelmente bem com a fama recém-conquistada. Se ainda pairasse alguma dúvida sobre o carisma dos garotos, ela desapareceu de imediato assim que a turnê começou, e ficou claro que eles eram uma sensação. Simon Cowell percebera o potencial comercial do grupo, mas nem mesmo ele esperava tamanha reação.

Esta poderia muito bem ter sido uma turnê *só* deles — e os críticos pensavam o mesmo. "A apresentação mais atraente para a multidão dominada por meninas era a boy band orientada por Simon Cowell", escreveu Michael Hogan no *Daily Telegraph*. "Cada movimento deles era seguido por gritos histéricos. As garotas hiperventilavam sempre que eles corriam pela multidão. Quando o galã atrevido e com ar de querubim Harry Styles dançava na frente do palco, os gritos chegavam ao ápice. Os vendedores de lembrancinhas conheciam o mercado e, julgando pelas barraquinhas deles, você acharia que se tratava de um show exclusivo do One Direction." E realmente acharia.

"A turnê do *X Factor* 2011 começou com tudo ontem à noite, quando os nove finalistas da última temporada fizeram seus primeiros shows para uma Nation Indoor Arena lotada em Birmingham. Matt Cardle mostrou por que venceu a competição, fazendo algumas versões incríveis das músicas apresentadas por ele no programa. Porém, os maiores gritos da noite estavam reservados a um certo grupo de cinco garotos...", disse o site TellyMix. "O One Direction certamente roubou a cena, exibindo uma coletânea das apresentações mais populares do ano passado, bem como uma surpresa especial para os fãs: a interpretação de 'Forever Young'. Era a primeira vez que o grupo apresentava esta música desde a eliminação que os deixou em terceiro lugar na final do ano passado." Este era o single que eles lançariam se tivessem vencido.

No total, os garotos cantaram cinco músicas: "Only Girl", "Chasing Cars", "Kids in America", "My Life Would Suck Without You" e "Forever Young". Os únicos participantes que tiveram permissão de cantar o mesmo número de músicas foram Matt e Rebecca, e ainda assim a plateia às vezes parecia um tanto impaciente quando outro artista que não o One Direction estava no palco.

No primeiro de vários relatos sobre a vida amorosa dos meninos, foi dito que Rebecca Ferguson, de 24 anos, e Zayn Malik, de 18, estavam namorando, embora isso não tenha durado muito (e nem suscitado críticas, como o relacionamento entre Harry e Caroline Flack). Enquanto isso, a histeria em torno dos garotos continuava a crescer: durante as apresentações, o barulho da plateia quando eles surgiam no palco era tão ensurdecedor que, às vezes, ficava difícil ouvi-los. Os planos para o álbum de estreia foram concretizados em abril, quando a turnê acabou. O One Direction foi para Estocolmo e Los Angeles e, depois, retornou ao Reino Unido, às voltas com a produção do álbum.

Os fãs não podiam esperar mais: o single de estreia, "What Makes You Beautiful", foi o mais adquirido em pré-venda na história da Sony Music Entertainment, um feito e tanto, visto que, entre outros, o selo já assinou contrato com artistas de renome mundial, como Michael Jackson, Beyoncé e Christina Aguilera. Sonny Takhar, braço direito de Simon Cowell, já fazia previsões otimistas para o álbum de estreia, alegando que *Up All Night*, seria um dos melhores discos de música pop que a Sony já fez.

Os garotos certamente tiveram aventuras de sobra enquanto se acostumavam com a nova vida. Enquanto estava em Los Angeles para gravar o vídeo do primeiro single, Louis Tomlinson foi interceptado por estar dirigindo muito mal. "Fui parado pela polícia dos Estados Unidos", contou ele ao *Sun*. "Acharam que eu estava descontrolado. O policial disse: 'Olha só, cara, eu posso apreender o carro se você continuar dirigindo assim. Você está guiando feito um louco.' E eu falei: 'Policial, abaixa a arma. Não quero confusão.'"

Não chega a ser surpresa alguma que Harry fosse o mais ousado dos membros do One Direction e estivesse pegando todas as garotas. Primeiro, ele tirou a roupa na cabine de primeira classe durante o voo para Los Angeles. Depois, durante um dia de folga das gravações do clipe no píer de Santa Monica, ele foi visto de brincadeira com várias meninas. "As garotas são divertidas", confidenciou. "Nós as levamos a um parquinho de diversões no píer em Santa Monica para conhecê-las. Andamos naquelas xícaras que ficam girando." Também houve boatos alegando que Harry teria ficado incrivelmente próximo de uma das garotas que aparecem no clipe, Madison. Tudo isso indicava o talento que o rapaz tinha para se aproximar das meninas. "Harry e Madison eram inseparáveis", contou ao *Sun* uma fonte que estava nas gravações. "Eles realmente se deram bem e todos os outros garotos ficavam pegando no pé do casal. Os dois trocaram telefones e combinaram de se encontrar quando Harry voltasse a Los Angeles." Ele também foi visto nadando sem roupa, mas não teve problema nenhum com isso, principalmente devido ao seu charme considerável.

Harry lidou muito bem com toda a situação. "Sou um garoto de 17 anos, então gosto de garotas", explicou ele à revista *We Love Pop*. "Mas prefiro ter uma namorada. Gosto de ter uma pessoa para mimar, para ligar no meio da noite e bater um papo. Gosto de ser íntimo assim de alguém."

Harry ainda estava se acostumando ao fato de que absolutamente tudo o que ele fazia recebia uma enorme quantidade de atenção: das roupas que vestia à pessoa cujo número de telefone ele pedia. Era muito para assimilar em tão pouco tempo. A revista *The Magazine* perguntou se ele estava ficando entediado com a fama. "Não, porque sei que vou sentir falta disso quando acabar", respondeu ele com sinceridade. "Há muita pressão para ser um bom exemplo e as pessoas sempre gostam de rotular os famosos." Esta atitude sensata é muito bem-vinda, pois a fama dos garotos não parava de crescer. A empolgação aumentava durante a corrida para lançar o novo single, que levaria os cinco a um sucesso ainda maior do que o vivenciado por eles até agora, gerando ainda mais atenção.

No verão de 2011, Zayn e Rebecca se separaram, alegando que a pressão da carreira de ambos os afastara. Rebecca fora alvo de muitas agressões por parte das fãs do One Direction, assim como aconteceria com todos os amores de Harry, mas os envolvidos negaram veementemente que este tivesse sido o motivo do término. Os meninos eram tão populares agora que não podiam abrir uma porta sem causar tumulto. Além disso, havia rumores — todos negados com ênfase — de que Zayn teria cedido à pressão para *não* ter uma namorada quando o primeiro single deles fosse lançado. Consequentemente, surgiu a notícia de que Louis também teria abandonado a namorada com quem já tinha um relacionamento de dois anos, Hannah Walker. Mais uma vez, culpou-se a pressão causada pelo trabalho. Harry já admitira que eles foram desestimulados a namorar quando estavam na casa do *X Factor*, mas e agora? No mínimo, eles pareciam querer compensar o tempo perdido.

A publicidade estava a todo vapor antes do lançamento do novo single. Os garotos deram sua primeira entrevista de televisão a Alan Carr e, depois, fizeram sua ronda pelas editorias de cultura dos jornais de todo o país. A também finalista do *X Factor* Cher Lloyd já havia obtido sucesso com o single "Swagger Jagger", que alcançou o primeiro lugar — e não se esperava menos do One Direction. Não havia muitas dúvidas que a estreia deles seria um grande sucesso, mas os garotos e os empresários começavam a pensar a longo prazo, pois ninguém desejava que a banda fosse um grupo de apenas uma música, e havia planos de transformá-los nos artistas de maior sucesso já produzidos pelo *X Factor*. Também houve elogios de outras pessoas da indústria fonográfica, especialmente dos que ajudaram a prepará-los: "Eles são tão jovens quanto nós quando começamos, o que me faz sentir bem velho. Mas seria um elogio para nós se as pessoas achassem que eles se parecem com o McFly no início da carreira", analisou o baterista do McFly, Harry Judd. "Gostaria que tivéssemos feito o novo single deles, é bem original."

Tom Fletcher, vocalista do McFly, acrescentou: "Eles são uns caras bem legais e têm tudo o que é necessário para estourar. Até gravaram uma música que compus para eles, espero que usem."

Uma nova onda de histeria surgiu quando o clipe para o single foi lançado, a ponto de ser preciso contratar mais guarda-costas durante uma viagem promocional à Irlanda. Os garotos continuaram a fazer declarações provocativas na mídia — Harry contou ao *Sun* que era solteiro, explicando: "Gosto de garotas bonitas com bom senso de humor. Não tenho um tipo definido, mas gosto de garotas de cabelo curto... e das de cabelo comprido." Harry gosta de garotas, ponto. Não havia dúvidas quanto a isso.

Na verdade, todos os meninos da banda gostavam de garotas, mas eles começavam a perceber quem se saía melhor nisso. "Toda a força dele está nos cachos", constatou Niall sobre Harry. "As mulheres o adoram. E ele adora ficar pelado. Está sempre de cuecas boxer." E elas se jogavam em cima do jovem cantor com frequência: uma fã, que tinha idade suficiente para saber que isto não era uma boa ideia, tentou fazer Harry autografar seus seios. Ele recusou.

Os garotos também estavam se enturmando no mundo da indústria do entretenimento. Eles foram vistos na festa de aniversário de Alexandra Burke no Gilgamesh, famoso restaurante de Londres: dizia-se, na época, que os empresários não ficaram muito felizes com isso e mandaram buscar os garotos; eles reagiram se escondendo no banheiro. Em outra ocasião, o grupo foi a um leilão de caridade no famoso Hotel Savoy, em Londres, onde Harry deu um lance de 7 mil libras por dois ingressos para o Grande Prêmio da Inglaterra de Fórmula 1. Enquanto isso, a histeria continuava, apesar de eles ainda não terem lançado um single sequer. Parte disso era para criar um burburinho, é claro, mas se eles faziam tanto sucesso antes mesmo de gravar, como seria quando o single fosse finalmente lançado? Ninguém estranharia se os garotos estivessem nervosos, mas, na verdade, eles estavam adorando aquilo.

Harry sempre mantinha o senso de humor. Em uma entrevista à Radio 2, ele alegou que a banda recebia seu salário em balas. "E o que vai acontecer se o single vender bem?", perguntaram para ele. "Aí ganharíamos um aumento", respondeu Harry. "Passaríamos a receber barras de chocolate, quem sabe?" Seria preciso muitas barras de chocolate para conseguir aqueles ingressos para o Grande Prêmio da Inglaterra.

Durante a publicidade pré-lançamento do single, perguntaram aos garotos qual celebridade eles namorariam se pudessem. Niall optou por Kate Middleton, Louis foi de Natalie Portman, Liam escolheu Leona Lewis, enquanto Zayn preferiu Jessica Alba. E quanto a Harry? "Caroline Flack é absolutamente linda", elogiou.

Enquanto isso o One Direction continuava a receber elogios de astros já estabelecidos, como Ronan Keating: "Eles têm um grande apoio e serão superastros", constatou o astro do Boyzone ao *Sun*. "Vão ser a maior banda que este país já viu, embora talvez não tão grande quanto o Take That." Contudo, algumas pessoas discordavam e já começavam a compará-los ao Take That, possivelmente a banda mais amada da Grã-Bretanha, quase considerada um patrimônio nacional. Era um tremendo elogio, sem dúvida.

Os garotos estavam bastante cientes da sorte que tinham por seguir os passos destes gigantes. "Nosso sonho é ter uma carreira como a do Take That", confessou Harry ao *Daily Star Sunday*. "O Take That está em outro nível, é a boy band por excelência e tem a carreira com a qual sonhamos. Sabemos que ainda estamos no começo, mas adoraríamos fazer música pelo mesmo tempo que eles. Temos o sonho de lotar oito shows em Wembley, como eles fizeram." O One Direction pode não ter chegado lá ainda, mas estava claramente determinado a dar o máximo para isso.

Seguiram-se mais viagens curtas de helicóptero para várias cidades do Reino Unido, à medida que a data do lançamento do single se aproximava: 11 de setembro de 2011. Os garotos mal podiam acreditar no estardalhaço que estavam causando. "Somos cinco caras normais, não somos particularmente sarados, não temos corpos incríveis e admitimos abertamente que não sabemos dançar", contou Zayn ao *Sunday Mirror*. "Teve uma garota que veio da Austrália para os Estados Unidos no aniversário dela só para encontrar a gente no aeroporto. Isso é que é dedicação. É realmente inacreditável."

Niall acrescentou: "Você começa a reconhecer as garotas, pois elas aparecem em todos os lugares que a gente vai, embora tenham aparecido umas novas recentemente. Notei um grupo da França. Talvez seja o período de férias escolares por lá ou algo assim." Ou talvez seja um indicativo do apelo global da banda. Ninguém poderia prever que astros britânicos estourariam no reconhecidamente difícil mercado norte-americano, mas, considerando o estardalhaço em torno do One Direction, parecia que eles teriam uma boa chance de conseguir.

A data de lançamento do single estava chegando, e Simon Cowell, o homem responsável pela carreira do grupo, marcava presença em seus programas de TV nos Estados Unidos. Mesmo assim, ele mantinha a mão na massa e estava sempre em contato com seus protegidos para garantir que tudo estava saindo conforme o planejado. Os garotos o enchiam de elogios, anunciando que o chefão lhes dava muita liberdade e ouvia suas opiniões sobre as faixas a serem incluídas no álbum. Eles também brincaram, dizendo não ter permissão de saber o telefone de Simon para não correr o risco de divulgá-lo acidentalmente. E a turnê de promoção continuava. Eles participaram de uma campanha de arrecadação de fundos com operadores da City, além de outras celebridades na qual outro Harry famoso — o príncipe — também estava presente. Neste evento, os garotos esbarraram com as princesas Beatrice e Eugenie, além de Kelly Brook, as Cheeky Girls e o prefeito de Londres, Boris Johnson. Eles pareciam totalmente à vontade nessa alta roda.

Com os ganhos materiais começando a surgir, os garotos compraram apartamentos. Louis e Harry eram os únicos que dividiam a moradia, mas ambos estavam maravilhados com a nova casa, que contava até com uma sala de cinema. Além de ser o integrante de maior destaque no grupo, Harry também era o mais novo, então havia uma sensação de que era preciso ficar de olho nele. Em setembro, quando a banda comemorou o aniversário de 18 anos de Niall, Harry brincou fingindo tristeza porque só poderia consumir uma lata de refrigerante quente, pois ainda era jovem demais para consumir álcool de acordo com a lei britânica. Quando os garotos apareceram no programa matinal *Daybreak*, todos beberam champanhe para comemorar, mas Harry teve que ficar no suco de laranja.

Enfim chegou a hora do lançamento do single. "What Makes You Beautiful" vendeu 100 mil cópias em apenas três dias. Considerando o que estava em jogo, muito foi planejado e pensado para se chegar a tanto: a música foi composta por Rami Yacoub, Carl Falk e Savan Kotecha e produzida por Yacoub e Falk. A instrumentação ficou por conta de Falk (guitarra) e Yacoub (baixo). Já Serban Ghenea fez a mixagem de áudio, e Tom Coyne, a masterização. John Hanes ficou responsável pela engenharia de mixagem, tendo Phil Seaford como assistente. A gravação foi realizada no Cosmos Studios e no Kinglet Studios, em Estocolmo, Suécia. O videoclipe, que ganhou três Video Music Awards da MTV (incluindo o de Melhor Clipe Pop), mostrava o One Direction em Malibu e foi dirigido por John Urbano.

O grupo deu palpite na escolha de "What Makes You Beautiful" como single de estreia e todos ficaram imensamente aliviados com o resultado. "Queríamos lançar algo divertido, em vez de brega", contou Harry ao *MTV News*. "[O single] meio que nos representa. Levou um tempo para tomarmos a decisão final, mas acho que encontramos a música certa." Os colegas de banda concordaram: como havia muito em jogo, eles precisavam acertar.

Não havia dúvida alguma de que os meninos chegariam ao primeiro lugar. A histeria era tanta que havia o risco constante de alguém se machucar. Em uma ocasião em Glasgow, eles estavam indo embora em uma van com película escura nas janelas quando as fãs conseguiram romper o cordão de isolamento da polícia e começaram a bater no veículo. Os garotos ficaram visivelmente surpresos ao ver o gerente da turnê forçar as garotas a se afastarem para o carro poder sair. "Nunca esperamos esse tipo de cena e nem os gritos", contou Harry ao *Sun*, mas, na verdade, isso estava se tornando bem comum agora. Nenhum dos garotos tinha se acostumado ao rebuliço que eles provocavam, mas era outra prova de que eles se tornaram grandes astros. Contudo, a fama tinha suas limitações: eles tiveram que recusar todos os convites para acender luzes de natal naquele ano, pois os riscos para a segurança dos envolvidos seriam altos demais.

Também estava ficando cada vez mais claro que o grupo tinha uma excelente oportunidade de estourar nos Estados Unidos. O desempenho espetacular do primeiro single abrira o caminho, mas eles não poderiam descansar sobre as vitórias conquistadas, e já estavam indo para Nova York filmar o próximo clipe e tentar agradar os chefões de gravadoras sob a orientação de Simon Cowell. O próprio Simon comparava abertamente o One Direction ao Take That, sinal de que ele acreditava no sucesso dos meninos. Por isso, não foi surpresa quando anunciaram que o single tinha chegado ao topo das paradas.

Porém, uma pessoa assistia a tudo isso com ressentimento: o vencedor do *X Factor*, Matt Cardle. Ele não estava nem um pouco feliz com o rumo dos acontecimentos e não mediu palavras para deixar isso claro: "Eles são concorrentes, então é uma m**** que eles lancem um single antes do vencedor do programa", reclamou ele ao *Sunday Mirror*. "Também fico preocupado se o One Direction decidir ser malandro e tentar atingir um público mais velho — aí eu estou ferrado. Não deveria ter sido assim. Simon é um safado. Eu só espero conseguir um lugar firme nas paradas antes que isso aconteça. Do contrário, vou ficar furioso. Não vou conseguir vencer a menos que tenha um álbum que dê o que falar, e acredito que tenho."

Para ser justo, Cher lançou um single antes do One Direction e se saiu muito bem, mas a verdade era que Simon teve um ano sensacional, no qual encontrou vários candidatos a astros e estrelas. Nem mesmo ele poderia ter previsto a comoção causada pelo One Direction: os garotos eram uma sensação e faziam tanto sucesso que estavam gerando um renascimento das boy bands.

Em muitos sentidos, o aborrecimento de Matt era compreensível, pois não foram apenas os fãs que amaram o novo single — os críticos também o aprovaram. Ailbhe Malone, do *NME*, disse que a música teria apelo para o público adolescente e a progressão de acordes era "simples o bastante para ser tocada no violão durante uma festa". O *Newsround* classificou o single de "divertido, alegre e com uma capacidade incrível de ficar na cabeça", enquanto Matthew Chisling, do *AllMusic's*, chamou "What Makes You Beautiful" de "música nova e alegre para adolescentes". Sophie Goddard, da *Cosmopolitan*, classificou o single de "absurdamente fácil de ficar na cabeça", e Jack Murray, do jornal *Student*, deu cinco estrelas para "What Makes You Beautiful", alegando que "não apenas é o melhor single pop do ano até agora, como possivelmente é o melhor entre todos os lançados por participantes do *X Factor* até hoje". Impossível ganhar elogios melhores, não é?

Tanner Stransky, da *Entertainment Weekly*, deu nota B+ a "What Makes You Beautiful", dizendo que a música era "oca, mas vale a pena gostar dela" e deixando claro que as boy bands não estavam morrendo. Jason Lipshutz, da *Billboard*, definiu a música como "sensacional" e "infinitamente tocável", comparando-a a "Bye Bye Bye", do 'N Sync: "É fácil entender por que este single deu certo. Ele se parece muito com os sucessos mais duráveis do 'N Sync, com uma pitada esperta de eletropop."

Stephanie Abrahams, da *TIME*, entendeu exatamente o motivo da popularidade dos garotos, acrescentando: "O grupo segue os passos das boy bands do passado, cantando letras adolescentes sobre o amor juvenil que podem ser aprovadas por qualquer pai ou mãe." Robert Copsey, do *Digital Spy*, deu quatro estrelas de cinco, elogiando a melodia fácil de ficar na cabeça e classificando a música de "adorável, totalmente inocente e fadada a causar comoção entre adolescentes"; enquanto Zachary Houle, do *PopMatters*, achava que era "uma bela música para levantar da cadeira e dançar".

"What Makes You Beautiful" ganhou o prêmio de Melhor Single Britânico do BRIT Awards de 2012, exibido no dia 21 de fevereiro de 2012. A música também levou o prêmio de melhor Música Romântica no Teen Choice Awards de 2012. Agora, o sucesso da banda estava completo: eles tinham mostrado que eram um dos melhores grupos a sair do *X Factor* e que podiam ser reconhecidos pelos próprios méritos. Em menos de um ano, eles passaram de desconhecidos a astros — e conquistas ainda maiores estavam por vir.

6 BEM PARECIDO COM A VIDA

Os garotos agora não saíam das páginas dos jornais. Tudo que tinha relação a eles virava manchete, fossem as brincadeiras durante as gravações dos clipes ou as namoradas. Um a um, eles arrumavam relacionamentos e apenas Harry permanecia solteiro — os jornais fizeram a festa com o fato. Eles se divertiram bastante quando lançaram os bonecos oficiais do One Direction, pois muita gente disse a Harry que o boneco dele se parecia com Susan Boyle, mas ele levou numa boa. "É esquisito ver bonecos inspirados em mim, mas é legal mexer as partes do corpo e colocá-lo em posições bem maneiras", disse Niall ao *Daily Star*. "Meu boneco derrotaria todos os outros em uma briga, mas o de Harry é o mais sarado, não sei por quê", acrescentou Zayn. A histeria em torno da banda continuava: o apresentador da Radio 1, Chris

Moyles, precisou mudar o estúdio para um local secreto, tamanha era a preocupação com a segurança e o temor de que fãs enlouquecidas invadissem o programa.

Nos bastidores, porém, o One Direction atraía um tipo de admirador bem diferente: as grandes empresas. Agora parecia tão certo que eles iriam estourar nos Estados Unidos que os executivos das gravadoras norte-americanas estavam brigando para assinar um contrato com eles: os principais candidatos eram L. A. Reid, da Epic; Rob Stringer, da Columbia; e Peter Edge, da RCA. O empresário da banda, Richard Griffiths, estava coordenando as negociações e a disputa era intensa. Os garotos adoraram isso, mesmo estando do outro lado do Atlântico, bem longe de onde os negócios eram feitos. Mas para eles foi normal quando lançaram um celular Nokia do One Direction pela Carphone Warehouse.

Quanto aos outros participantes do *X Factor*, Matt Cardle finalmente lançou o single de seu álbum de estreia: uma música composta por Gary Barlow chamada "Run For Your Life". Os críticos ficaram divididos quanto aos méritos da canção, sendo que a maioria das opiniões tenderam para o negativo, e ela não vendeu tão bem quanto o single do One Direction, chegando no máximo ao sexto lugar. Matt parecia estar encarando bem a situação, mas algo mudou em uma entrevista dada à revista *Look*, na qual ele criticava muito o *X Factor* e, por tabela, Simon Cowell: "Eu me comprometi muito com o *X Factor*. Usei calças amarelas e cantei 'Firework', da Katy Perry, porra! Cantar músicas pop sem a minha guitarra e todo maquiado não era algo que parecia muito certo para mim. Escuto as pessoas na rua falando: 'Olha ali, é o cara que ganhou o *X Factor*.' Mal posso esperar para tudo isso acabar."

Era difícil não simpatizar com ele: Matt tinha sido totalmente ofuscado pelo One Direction, que recebeu todos os elogios, vendas e sucesso de crítica. Por outro lado, ganhar o *X Factor* não era garantia de nada, como o próprio Matt estava começando a descobrir. Enquanto isso, o One Direction claramente tinha uma relação muito diferente com Simon: Harry chegou a dizer que dava conselhos sentimentais ao chefão. Pouco depois disso, ele foi fotografado pela primeira vez com Caroline Flack. Não apenas Harry estava se mostrando um pegador de primeira como também era uma espécie de conselheiro amoroso para o resto do grupo, além de atuar como cupido. Foi ele quem apresentou Louis à modelo de lingerie Eleanor Calder, que acabaria se tornando a namorada do rapaz.

Em outubro de 2011, a famosa boy band Westlife se separou, levando a especulações sobre a natureza das boy bands modernas e sobre quem ficaria no lugar deles. Era bem óbvio que o One Direction era um forte candidato, com a probabilidade de durar muito mais que as outras boy bands. De alguma forma, os garotos estavam conseguindo lidar com o que tinha virado uma situação complicadíssima sem perder a calma: eles continuaram alegres, mantiveram seu bom caráter de sempre e não deixaram o sucesso subir à cabeça. Geralmente quando as pessoas saem da relativa obscuridade e são catapultadas à fama, elas começam a supor que o mundo lhes deve alguma coisa, mas isso definitivamente não aconteceu com os integrantes do One Direction.

Embora levemente aturdidos com os acontecimentos, os integrantes do One Direction perceberam que tinham muita sorte e não deveriam aceitar a fama como algo que iria durar para sempre. Tudo aquilo poderia desparecer da noite para o dia. Em uma entrevista ao *Sunday Times* (que parecia indicar que os garotos tinham tanto apelo para as mães quarentonas quanto para suas filhas adolescentes), Niall comentou: "Também sentimos que somos iguais a eles [adolescentes normais prestes a entrar na vida adulta] e que recebemos uma imensa oportunidade." É uma atitude muito benéfica para o grupo.

Certamente a imagem dos garotos era assunto de debate. Todos os cinco deixaram claro que já tinham perdido a virgindade (embora se recusassem a entrar em mais detalhes), pois havia a preocupação de que eles poderiam ser vistos como "nem tão certinhos assim" ou ser considerados jovens demais para isso. Os empresários proibiram fotos sem camisa, e eles eram estimulados a parecer da forma mais normal possível por se tratar de adolescentes famosos no mundo todo, prestes a se tornar milionários. Os garotos falam muito sobre ser iguais aos fãs, pois havia bons motivos comerciais para não deixar o sucesso subir-lhes à cabeça.

Talvez devido a esta imagem de garotos certinhos, houve uma desaprovação geral quando o comediante David Walliams, de 40 anos, disse a Chris Moyles no programa *Quiz Night*, do Channel 4, que era fã do cabelo de Harry e gostaria de transar com ele (Walliams é heterossexual). Como era de se esperar, vários espectadores enojados reclamaram ao Ofcom (a agência regulatória das comunicações no Reino Unido). Aquilo estava totalmente em desacordo com a imagem do One Direction como grupo inocente: meninos que eram adolescentes normais, que gostavam de garotas e ainda eram ingênuos, não vividos ou cosmopolitas. A "piada" de Walliams falava de um mundo bem diferente.

Em novembro, o álbum de estreia da banda, *Up All Night*, foi lançado. Sucesso de crítica e público, o álbum liderou as paradas em 16 países e recebeu elogios generalizados por seu apelo juvenil. Ficou em segundo lugar da parada de álbuns, sendo a estreia de venda mais rápida no Reino Unido em 2011, e alcançou o topo das paradas nos Estados Unidos, fazendo do One Direction o primeiro grupo britânico a ter chegado ao primeiro lugar por lá em seu disco de estreia. "Ao escolher compositores de alto nível, eles formaram uma coleção de faixas atraentes", escreveu o jornal *The Sun*, acrescentando: "Só existe uma direção para a qual este grupo vai: direto ao topo."

Outros críticos concordaram. Matthew Chisling, do *AllMusic's*, disse que *Up All Night* tinha "potencial ilimitado, pois é um álbum redondinho e mira no público certo". Zachary Houle, do *PopMatters*, declarou que era "uma adição louvável ao panteão das boy bands" e acrescentou que era um "trabalho bem feito de música pop que tinha tudo para estourar". Na opinião de Robert Copsey, do *Digital Spy*, era "uma coleção de pop rock com refrões matadores" e "uma estreia adorável, conforme o esperado, mas com uma força surpreendente". Para Sophie Goddard, da *Cosmopolitan*, tratava-se de um conjunto de "músicas para dançar que eram impossíveis de não gostar". E por aí foi. Inevitavelmente, algumas poucas e inevitáveis críticas negativas foram publicadas, mas a visão da maioria era que os garotos fizeram mais do que o esperado — o que obviamente criou uma nova leva de expectativa. Embora eles não tivessem nada com que se comparar na estreia, a partir daquele momento o próximo álbum teria que ser tão bom quanto o primeiro.

O mesmo se aplicava ao próximo single, mas "Gotta Be You" foi lançado em novembro de 2011 e também não decepcionou. Composto por August Rigo e Steve Mac, o single chegou ao terceiro lugar, sendo a segunda música do One Direction a ficar entre as 10 mais tocadas. Novamente, a canção conquistou boas resenhas dos críticos, com Robert Copsey dando quatro estrelas de cinco. O momento também era ótimo: "Gotta Be You" foi lançado na hora certa para o lucrativo mercado de natal e muito se falou sobre os novatos estarem desafiando artistas estabelecidos, como Michael Bublé, The Wanted, Justin Bieber e os ex-astros do *X Factor* JLS.

Já fazia um ano desde que os garotos foram apresentados ao país no *X Factor* e eles voltaram a seu local de triunfo para se apresentar com Lady Gaga na reta final da oitava temporada. Os cinco tinham muito respeito pela moça, dado o sucesso espetacular conquistado por ela desde que Gaga se lançou no mercado há alguns anos. Além disso, eles tinham algo em comum, pois o One Direction já trabalhara com o produtor dela, RedOne, em uma das faixas do novo álbum. "RedOne com certeza vai ser tema de conversa", Harry contou aos repórteres nos bastidores. "Ele contou da rotina com Gaga, como ela é profissional e trabalhadora. E, mais importante, que ela é realmente muito legal."

Quando os garotos viraram grandes nomes no mundo do entretenimento, eles começaram a aparecer no tipo de programa que atrai a nata do show business, como o Children In Need, onde se viram ao lado de Kylie Minogue, Alesha Dixon, Fearne Cotton, Adele, Steps, Susan Boyle e Sir Terry Wogan. Como o *Daily Star Sunday* distribuiu bonecos autografados do One Direction, estava ficando bem difícil se lembrar do tempo em que a banda não dominava o Planeta Celebridade. Enquanto isso, surgiam os primeiros boatos sobre o relacionamento de Harry com Caroline Flack. Sim, a diferença de idade foi criticada, mas agora havia tanta falação em torno dos garotos que esses rumores apenas aumentaram a exposição já intensa vivida pela banda. Os cinco entraram no Little Black Book anual da revista *Tatler*, com a lista de solteiros mais cobiçados da Grã-Bretanha, e o número cada vez maior de fãs concordava.

Após intensas especulações, foi finalmente anunciado que o One Direction fora contratado por uma gravadora norte-americana: eles assinaram com a Columbia, que tinha em seu portfólio artistas como Adele, Bob Dylan, Bruce Springsteen e David Bowie. Por trás de tudo, aconteceu uma negociação bem prática: havia muito dinheiro a ser feito e os chefões da Columbia estavam determinados a lucrar bastante. Para eles, não foi uma decisão difícil contratar o One Direction, de acordo com Steve Barnett, copresidente da gravadora: "Outros artistas desta categoria estão ficando um pouco velhos. Notei que havia um vazio nesse sentido e eles poderiam ocupar esse espaço." Uma imensa campanha publicitária foi planejada, inclusive uma mobilização no Facebook para trazer os garotos aos Estados Unidos, que atraiu 50 mil pessoas em poucos dias. Era uma ideia inovadora: embora o normal fosse lançar um single e depois trazer os meninos para uma turnê, as mídias sociais foram usadas para aumentar o interesse pelo One Direction antes mesmo de uma música ou turnê ser anunciada. Os fãs deveriam assinar petições e enviar vídeos para concorrer a um show na cidade deles (Dallas foi a vencedora) e o número de participantes aumentou para 400 mil.

Os garotos também se envolveram em outras atividades. A oitava temporada do *X Factor* teve uma recepção medíocre: Simon Cowell estava ausente, o que não ajudou em nada, e nenhum dos artistas ou grupos atiçou a imaginação do público da mesma forma que cinco deles fizeram no ano anterior. Mais uma vez, os finalistas iriam se unir para lançar um single para caridade, mas temia-se que não venderia bem. No fim, o One Direction e o JLS foram cooptados para a empreitada, uma interpretação da música "Wishing on a Star", de Rose Royce, a fim de arrecadar fundos para a organização de caridade Together For Short Lives, que ajuda crianças com pouca probabilidade de chegar à vida adulta. Os garotos visitaram o Rainbows Children's Hospice, fundado pela organização e falaram sobre o quanto estavam emocionados por serem capazes de ajudar. Tudo isso foi estimulado por Simon Cowell, que era obviamente o maior vencedor do *X Factor* e uma pessoa que estava determinada a ajudar a sociedade.

Com tanta coisa acontecendo, estava ficando cada mais difícil manter os garotos com os pés no chão, embora todos estivessem tentando. Os meninos ainda mantinham contato com os amigos que fizeram antes da fama, embora Harry fosse cada vez mais visto entre celebridades, não só com Caroline, como também com James Corden e Rio Ferdinand. Ele também começou a se ver em uma posição em que outras celebridades queriam conhecê-lo, em vez do contrário: qualquer pessoa vista com Harry e os garotos certamente conseguiria cobertura por tabela na imprensa.

Os integrantes do One Direction estavam se dando conta disso. A essa altura, se algum deles era fotografado com uma garota, supunha-se — às vezes, com razão, outras, nem tanto — que se tratava de uma nova namorada. Isso não necessariamente era bom para a imagem do grupo, e na maior parte das vezes não era nem mesmo verdade. Eles lutavam para enfatizar que não eram mulherengos, mas dada a quantidade de atenção que estavam recebendo e o relacionamento de Harry com Caroline (que agora era um segredo aberto), ninguém acreditava. Eles podiam se definir como "adolescentes comuns", mas viviam uma situação extraordinária e não havia problema em se divertir ao menos um pouco.

Junto com o novo álbum, o ITV2 exibiu o documentário *One Direction: A Year in the Making*, que contou os bastidores da história dos garotos, do terceiro lugar no *X Factor* à conquista do status de superastros. Eles refletiram sobre o ano turbulento e sobre o espanto cada vez maior que sentiam com as reações dos fãs quando eles percorriam a Europa.

Harry, é claro, estava adorando tudo aquilo. Ele começava a ser comparado a um certo astro do rock famosíssimo. Era o quinquagésimo aniversário dos Rolling Stones e ainda que estivessem comparando a maior banda de rock'n'roll do mundo (como os Stones gostam de ser chamados) com artistas relativamente novatos como o One Direction, estava claro que Harry também tinha muito em comum com o líder dos Stones, Mick Jagger. Além de ambos serem muito namoradores, há uma semelhança física notável. Os dois são magros e altos e, embora Mick esteja um tanto grisalho atualmente, Harry ainda é um jovem de aspecto saudável que poderia muito bem passar por um integrante dos Rolling Stones no início da carreira. Ambos têm uma característica física marcante: no caso de Mick são os famosos lábios e, no de Harry, o cabelo. Era um bom sinal para o jovem astro, visto que Mick Jagger possivelmente é o astro do rock de maior sucesso no mundo. Se Harry conseguir apenas uma fração do sucesso dele, terá uma carreira e tanto pela frente. Os colegas de banda até brincaram com ele sobre isso, dizendo ter comprado para Niall um boneco de cera em tamanho real de Barack Obama (não se sabe se isto é verdade) e que fariam o mesmo por Harry com um boneco de cera do líder dos Stones.

Talvez a crescente reputação de Harry como pegador tenha feito uma famosa mulher fatal se manifestar. Nancy Dell'Olio — que, aos 50 anos, provavelmente é velha demais até para Harry —, fez questão de destacar que agora tinha um novo grupo de admiradores: o One Direction. Eles se conheceram em Dublin e os garotos ficaram na porta do camarim dela. "Pareciam bastante fascinados", contou Nancy ao *Sun*. "Os meninos estão indo na direção certa se estiverem atraídos por mim. Fico feliz por não se interessarem por tipos como Cheryl Cole. Estar com uma pessoa madura permite que vocês leiam livros juntos e aprendam rápido." Os garotos não responderam a esta curiosa declaração, mas ser escolhido por Nancy Dell'Olio apenas enfatizava que o apelo do grupo ia muito além da geração deles. Como já foi dito anteriormente, as mães também adoravam o One Direction.

Enquanto o final da temporada do *X Factor* se aproximava, os garotos foram novamente chamados para mostrar um pouco de seu estrelato na TV. Eles faziam parte de uma vasta gama de grandes nomes do show business convocados para a ocasião e iriam se apresentar com o Coldplay, Leona Lewis, Michael Bublé, o JLS e o Westlife. Os chefões do *X Factor* estavam determinados a encerrar aquela temporada medíocre com o melhor show possível e já se falava que a final seria um dos eventos televisivos do ano. Os jurados Gary Barlow, Tulisa e Kelly Rowland também foram chamados para se apresentar. Na mesma ocasião, a girl band Little Mix ganhou o programa, sendo o primeiro grupo a conseguir esta proeza. E a vitória teve um gostinho a mais, pois elas tinham recebido o apoio do One Direction. Havia boatos de que Perrie Edwards, uma das integrantes da banda vencedora, engatara um romance com Zayn. Ironicamente, ele parece ter sido a primeira vítima do resultado, visto que aparentemente Perrie o largou logo depois do fim do programa, alegando o desejo de se concentrar na carreira.

Mesmo assim, o show foi um pouco decepcionante. Apesar da lista de astros, teve 3,5 milhões de espectadores a menos que o ano anterior (indicando o peso da ausência de Simon) e foi derrotado pelo programa *Strictly Come Dancing*, gerando preocupações quanto ao futuro do *X Factor*, principalmente por parte do próprio Cowell.

Os garotos, porém, não tinham motivos para se preocupar. Eles ganharam força quando saíram para a primeira turnê, cuja abertura foi no Wolverhampton Civic Hall. Esta seria a oportunidade para começarem a fazer exigências exorbitantes, típicas de astros do rock, mas eles preferiram ser mais simples, pedindo apenas jujubas, calças e meias limpas. Quando chegaram ao local, ficaram maravilhados ao descobrir que o camarim deles tinha sauna e banho de espuma. "É isso", contou Louis ao *Sun*, "antes de cada show a gente vai fazer uma sauna ou tomar um banho juntos." Eles certamente devoraram alguns doces antes de correr para o palco e talvez o barato do açúcar tenha dado a energia necessária para levar as fãs devotas à loucura.

O show foi ótimo. O One Direction começou com "Na Na Na", seguido por uma série de músicas do álbum e canções que eles apresentaram no *X Factor*. Eles também cantavam "Valerie", de Amy Winehouse, e "Use Somebody", do Kings of Leon, bem como "Gotta Be You" e "One Thing", que seria o próximo single. E, claro, não podiam deixar de fora "What Makes You Beautiful", que causava os maiores gritos da noite.

Tudo ainda era uma experiência muito nova para os garotos e a forma encontrada para lidar com isso consistia em imaginar que eram outras pessoas. Conforme Louis revelou a James Cabooter, da *Playlist*: "Às vezes, quando estamos no palco, pensamos que somos outras pessoas ou nos colocamos no lugar de alguém. Liam é um fã do Take That, então ele se vê como Gary Barlow." Liam concordou: "Quando vejo alguém fazendo alguma coisa no palco, eu imito e imagino que estou olhando para mim mesmo. É esquisito. Tiro muita coisa de outras pessoas." Harry também não ficou de fora: "Adoro Chris Martin. Às vezes, faço a dança dele no palco." Na verdade, cada um tinha uma persona bastante distinta no palco. Os garotos claramente sentiam a necessidade de usar uma máscara para se esconder e lidar com a fama recém-conquistada.

Eles também precisavam se acostumar à vida na estrada. Qualquer banda que deseje durar muito é obrigada a passar boa parte do tempo fazendo turnês, e o One Direction não era exceção. Os garotos viajavam em um ônibus decorado com pôsteres e fotos: Harry dizia ter uma imagem de Liam perto da cama. Louis zombou dizendo que não havia problema nenhum nisso, já que Liam parecia uma garota. O One Direction estava sempre de malas prontas e isso fortaleceu muito a ligação entre os cinco, o que também foi ótimo. Como passavam muito tempo juntos, qualquer tensão seria desastrosa. Os garotos tinham algo em comum: só eles sabiam como era sair da obscuridade e virar uma banda chamada One Direction. O estresse e as pressões eram iguais para todos e se o peso ficasse grande demais, pelo menos eles podiam buscar apoio nos outros companheiros de banda. Eles certamente não eram mais adolescentes comuns.

Harry continuou a aproveitar cada minuto. O grupo se divertiu muito ao saber que Harry era o novo nome predileto para bebês meninos nascidos no ano de 2011. Ele obviamente estava em boa companhia, ao lado de outros Harrys famosos, como o príncipe Harry, Harry Potter e o baterista do McFly, Harry Judd. De alguma forma, parecia que Harry Styles estava no espírito da época. Harry era o nome do momento e Styles era um dos Harrys mais famosos de todos.

Contudo, as desvantagens do excesso de atenção acabaram afetando até as próprias fãs de Harry. Já havia uma preocupação com o fato de Caroline Flack ter recebido ameaças de morte após o relacionamento com o rapaz ter se tornado público, e agora algo parecido acontecia. Após o One Direction ter pedido às fãs no Twitter para se candidatar a receber uma serenata em um show, Hollie Gilbert, de 20 anos, foi escolhida, e Harry cantaria para ela. Isto aconteceu durante o show de estreia e gerou imediatamente mensagens terríveis de trolls da internet, como: "Acho que você é ridícula", e "Você nem é bonita, por que Harry te escolheu?" (Apenas para constar, Hollie é muito bonita, o que talvez tenha sido o motivo da inveja.)

Outras garotas também foram alvo de ataques, gerando tanta preocupação entre os empresários da banda que essa parte interativa do show foi cancelada. Eram problemas inéditos para as boy bands: embora as redes sociais já existissem há algum tempo, ninguém poderia ter previsto que um pedido perfeitamente inocente feito às fãs geraria tanto ressentimento. Uma minoria desagradável, composta por uma pequena porcentagem das seguidoras do One Direction no Twitter, conseguiu estragar a brincadeira para todas as outras, pois, depois desta maldade, nem as próprias trolls iriam querer receber a serenata. Eis as dificuldades de ser um conquistador de corações na era digital.

Outro problema de nossa época é que nada fica privado por muito tempo, embora, às vezes, os próprios garotos se expusessem na internet. Harry e Louis deram uma animada festa de réveillon no apartamento que dividiam: James Corden foi um dos convidados, além de uma quantidade incrível de garotas. Harry foi visto com os braços em volta dos ombros de uma loura-naquele tempo, Caroline estava na Índia, embora ele tenha feito questão de ligar para ela —, e as imagens apareceram nos meios de comunicação. Os garotos não se mostraram arrependidos. "Nossa festa de réveillon foi uma loucura!", disse Louis pelo Twitter. Parecia que ser astro do pop tinha lá suas vantagens, afinal.

Mas eles não davam a fama como certa. Voltando de um show, os garotos e dois integrantes da equipe estavam no ônibus da turnê quando um carro bateu na traseira do veículo. Três integrantes da banda (Louis, Zayn e Niall) tiveram que receber atendimento médico, pois sentiam fortes dores de cabeça e foi preciso chamar a polícia e ambulâncias. Todos sofreram um pouco com o "efeito chicote" e fãs horrorizadas responderam rapidamente à notícia pelo Twitter. Primeiro, elas temiam que alguém tivesse morrido, mas os garotos, embora abalados, deram a sorte de escapar inteiros.

Houve mais temores de que o show seguinte, em Plymouth, precisasse ser cancelado, mas os garotos não quiseram. "Não se preocupem, estamos bem", disse Niall pelo Twitter. Eles sabiam o quanto era importante manter a turnê e não decepcionar o público. E assim eles voltaram ao palco no Plymouth Pavilions, levando as fãs ao delírio e provando de vez que eram profissionais e entendiam o que se esperava deles. Era um belo começo para 2012.

7 *THE TALENT SHOW STORY*

No início de 2012, uma série em cinco partes chamada *The Talent Show Story* foi exibida no canal ITV. Foi um lembrete de que os reality shows não eram exatamente um fenômeno recente e que tiveram sua origem há algumas décadas em programas como *Opportunity Knocks*, possivelmente o avô de todos os programas de talentos, apresentado pelo falecido Hughie Green. A série mostrava histórias como a de Lena Zavaroni, ex-estrela infantil morta aos 35 anos depois de uma longa batalha contra a anorexia, deixando claro que há desvantagens na fama precoce. Por motivos óbvios, a figura dominante ao longo da série era Simon Cowell, o homem que sozinho era responsável por transformar a televisão aos sábados à noite e pela criação de vários dos astros mostrados na série. O exemplo mais óbvio era Susan Boyle, que foi entrevistada no primeiro programa, enquanto o One Direction foi tema do segundo episódio, junto com o JLS e Alexandra Burke.

Uma análise das apresentações do One Direction feita por Lisa Verrico no jornal *The Times* associou diretamente os reality shows mais antigos aos artistas atuais: "O show curto e cheio de truques é diversão do tipo antigo e certinho", escreveu ela. "O figurino conta com jaqueta de veludo cotelê, suspensórios e pulôveres de gola V em cores escuras. Até quando estavam juntos no sofá, navegando pelos tuítes das fãs, os garotos do One Direction tinham a aura de artistas inventados para a programação vespertina da TV dos anos 1970." Eles trouxeram as boy bands de volta à moda, em um "trabalho muito bem feito", segundo a jornalista.

Kitty Empire, do *Observer*, fez elogios semelhantes. "Eles são inegavelmente charmosos. A música de abertura, 'Na Na Na' coloca o One Direction em clima de praia, usando cores náuticas e andando meio desengonçados, como se estivessem perdidos no departamento de roupa masculina da H&M. Os garotos que não estão cantando recebem a tarefa de aumentar os gritos da plateia. Quem acompanha o *X Factor* sabe que o grupo não tem um vocalista oficial, mas o fenômeno de cabelo despenteado Harry Styles, do alto de seus 17 anos, é o adolescente alfa: quando ele fala com a multidão, os gritos aumentam exponencialmente. Isto serve de distração enquanto alguém da equipe técnica tenta acender uma fogueira no palco a tempo para o medley." Ela também comentou que, pelo menos no palco, não havia coreografias oficiais. Isso não era comum para uma boy band, mas fazia lembrar que os cinco tinham começado como artistas solo. Também significava que mesmo após o acidente e os problemas de saúde, eles ainda eram capazes de se apresentar e dançar.

A popularidade cada vez maior de Harry também foi assunto de Simon Price no *Independent on Sunday*. "No show de hoje, parecia que os garotos quase literalmente tinham pulado do pôster de uma revista. Nos perfis de apresentação da banda, nós descobrimos, por exemplo, que Harry gosta de palitos de chocolate e garotas, mas odeia beterraba. Estas informações são recebidas com gritos ensurdecedores da plateia composta 99,9% de garotas. Nota-se que há uma ordem de importância entre os integrantes da banda, e a pesquisa empírica me forneceu os seguintes resultados: o cabeludo Harry Styles é, de longe, o mais popular. Feche os olhos e adivinhe quando Harry está comandando o show pelo aumento nos decibéis. Você não vai errar uma." De fato, Harry recebia mais atenção, apesar da controvérsia sobre Caroline Flack.

Deixando o acidente para trás, o One Direction pegou a mania de pregar peças uns nos outros quando estavam dormindo no ônibus da banda. "Outro dia, Liam estava dormindo e Zayn fez uma fenda na sobrancelha dele", contou Harry ao *Sun*. "Depois, Zayn estava dormindo e raspei minhas iniciais nos pelos da perna dele." Às vezes, era fácil esquecer que eles ainda eram adolescentes comuns e gostavam de fazer palhaçadas — com todos os shows e a disciplina de ensaiar, gravar e se preparar para conquistar os Estados Unidos, eles precisavam de uma forma de aliviar o estresse.

Quando Harry e a equipe chegaram a Londres, onde o show continuava recebendo boas críticas, os jornais também estavam cheios de depoimentos de várias mulheres mais velhas que arranjaram namorados mais jovens falando sobre o quanto isso as deixava felizes. "Harry Styles e seu cabelo macio recebiam a maior parte deste amor", escreveu Caroline Sullivan no *Guardian*, ressaltando ainda que eles eram diferentes de outras boy bands. Além de não dançar, o One Direction era, digamos, mais elegante que a maioria das boy bands do mercado. O visual deles tendia ao mauricinho, baseando-se em calças cáqui e camisas limpíssimas. Blazers também eram comuns. Na verdade, nenhum deles era elegante, mas o visual lhes caía bem, principalmente porque os destacava dos outros. "Dane-se a *Bieber fever*, eu tenho a *One Direction fever*.", uma fã declarou pelo Twitter. E, aparentemente, milhares de outras garotas também.

Os planos de se lançar no mercado norte-americano continuavam, com especulações de que tanto a Disney quanto a Nickelodeon estariam interessadas em chamar os garotos para se apresentarem em algum de seus programas. Se isso acontecesse, daria um impulso e tanto na carreira deles no outro lado do oceano. Enquanto isso, a turnê rumava para a Irlanda, onde o One Direction se mostrou tão popular quanto nos outros lugares. Niall, nascido na cidade de Mullingar, estava em casa e apresentou os colegas de banda às maravilhosas salsichas irlandesas, além de basicamente ficar de bobeira com os amigos.

Apesar da grande quantidade de trabalho, eles não perderam o senso de humor. Quando o One Direction foi indicado aos BRIT Awards, a reação dos garotos foi fazer um vídeo de paródia para o YouTube com eles malhando e se preparando para levantar o primeiro BRIT Award deles.

Foi nessa época que Harry e Caroline decidiram seguir caminhos separados. Na verdade, o rapaz tinha tanta coisa na cabeça que estava difícil para o casal conseguir se encontrar. E não demorou muito para ele encontrar novos amores. Caroline, por sua vez, foi vista trocando telefones com Joey Essex, de 21 anos, astro do programa *The Only Way is Essex*. Harry também estava finalmente obtendo benefícios financeiros de todo o sucesso que fazia e usou parte desse lucro para comprar um Range Rover Sport usado do padrasto. O fato de que apenas o seguro do carro lhe custaria 15 mil libras por ano não passou em branco.

No fim de janeiro de 2012, os meninos do One Direction visitaram os EUA para sondar o mercado e foram atacados por uma multidão enquanto andavam por Hollywood. Como as cenas com fãs histéricas tentando se aproximar da banda se repetiam em ambos os lados do Atlântico, parecia cada vez mais certo que eles iriam estourar nos Estados Unidos — uma proeza quase impossível.

Como sempre, Harry era o mais popular dos cinco: com seu cabelo macio, sorriso doce, sotaque britânico e charme descontraído, ele era a epítome do que as mulheres norte-americanas pensavam sobre o homem britânico. "Mesmo não sendo muito conhecidos por aqui, os garotos do One Direction foram atacados por uma multidão desde que chegaram a Hollywood", contou um informante da indústria do entretenimento ao *Sun*. "As garotas estão loucas. Elas amam o sotaque deles, e o cabelo de Harry está sendo recebido com entusiasmo. A banda até estava pegando um bronzeado, deitada à beira da piscina no W Hotel, em West Hollywood. Várias fãs empolgadas acamparam na frente do local, gritando e causando tumulto."

Todos os jornais falaram da quantidade de atenção que eles estavam recebendo — até mesmo de famosos, como a filha de Arnold Schwarzenegger, Katherine, de 22 anos, que disse pelo Twitter que achava Harry "uma gracinha". E ela não era a única: a revista *Heat* fez uma lista dos 101 caras mais gatos do mundo, e todos os integrantes do One Direction estavam nela, com Harry na posição mais alta (18º lugar). David Beckham era o primeiro, mas obviamente era só uma questão de tempo para Harry substituí-lo.

Harry ficou bastante feliz com o tuíte de Katherine Schwarzenegger, dizendo: "Acabei de ver meu primeiro vídeo do One Direction com minha prima, e @Harry_Styles é realmente uma gracinha!" "Katherine estava no estúdio vendo a gente", ele contou ao *Sun*. "Imagine ter Arnie como sogro. 'Saia da minha casa se quiser viver [disse ele, imitando o sotaque do ator].'" Harry também revelou que a vida aos olhos do público também tem seus percalços: os garotos precisaram usar o elevador de serviço do hotel, pois as fãs passavam o dia inteiro subindo e descendo nos elevadores dos hóspedes tentando esbarrar nos ídolos.

Harry fez 18 anos no dia 1º de fevereiro de 2012, significando que ele finalmente poderia beber na companhia de suas amigas mais velhas (pelo menos, no Reino Unido). Ao mesmo tempo, dizia-se que os empresários norte-americanos queriam colocá-lo como líder da banda. O grupo ainda não tinha um vocalista principal, mas era inegável que Harry recebia a maior parte da atenção das fãs, e os empresários queriam capitalizar em cima disso. Os garotos gravaram uma participação na série *iCarly*, sucesso entre os adolescentes exibida pela Nickelodeon, e Harry ganhou o papel principal: interesse amoroso de Carly, interpretada por Miranda Cosgrove. Contudo, Harry não queria mudar a situação atual — e muito menos os outros garotos. A configuração tinha funcionado muito bem até agora, então por que mexer em time que está ganhando? Além disso, por que correr o risco de criar uma rixa entre os integrantes da banda? Eles eram iguais e ninguém deveria mexer com isso.

A viagem aos EUA foi rápida e os garotos logo voltaram a Londres, encontrando ninguém menos que Kylie Minogue na primeira classe do avião. Pouco tempo depois, Harry foi visto em um jantar organizado pelo DJ da Radio 1, Nick Grimshaw, no Shoreditch House, exclusivo clube localizado na parte leste da capital inglesa. Harry, que agora podia beber legalmente, foi visto em uma conversa empolgada com Pixie Geldof, mas embora houvesse muita especulação sobre a natureza exata deste relacionamento, os dois estavam destinados a ser apenas bons amigos. Harry também foi visto no bar The Social com uma moça alegremente chamada pelos jornais de "loura misteriosa", que estava obviamente na casa dos vinte anos. (Enquanto isso, Caroline foi flagrada aos beijos com Sam McCarthy, 24 anos, da banda neozelandesa Kids of 88.) A reputação de Harry como pegador aumentava a cada dia. O também competidor do *X Factor* Matt Cardle certamente concordava: "Harry vai ficar bem, o cara não tem problema algum e muito menos com o que se preocupar na vida", disse ele após o término de Harry e Caroline. "Agora que ele fez 18 anos, o menino vai ser um verdadeiro terror, mas eu também seria se estivesse no lugar dele. Se saíssemos juntos em uma noite dessas, ele provavelmente pegaria todas que visse pela frente. É uma pena essa separação, pois eles teriam tido filhos lindos. Caroline é linda e Harry também é um garoto muito bonito."

Porém, parecia que o estresse da fama estava começando a pesar: Harry ficou com problemas de coluna e recebeu ordens dos empresários para fazer pilates de modo a tentar resolver o problema, já que ainda havia muitos shows pela frente. "What Makes You Beautiful" estava no topo das paradas do mundo inteiro, assim como seu álbum de estreia, que foi diretamente para o primeiro lugar na Itália, Suécia, Filipinas, Hong Kong e Tailândia. Os garotos também faziam grande sucesso no Japão e na Ásia, além de na Europa e nos Estados Unidos: eles eram agora um fenômeno verdadeiramente global.

Enquanto isso, a reputação de pegador de Harry só aumentava. Ele foi visto em uma festa organizada por Stella McCartney após seu desfile de moda em Mason's Yard, onde conversou animadamente com Alexa Chung e a modelo Poppy Delevigne. Esta, pelo menos, ficou bastante impressionada: "Tenho uma grande queda por Harry", contou ela ao *Sun*. "Ele passou por mim e fiquei salivando. Adoro aquele cabelo cacheado." Os dois dançaram no evento, gerando ainda mais especulações sobre o tipo de relacionamento que tinham. Conforme Harry reclamou depois, sempre que era visto com uma garota, automaticamente imaginava-se que ela seria sua próxima namorada. Também havia fofocas sobre a amizade dele com Georgia May Jagger, filha de Sir Mick Jagger, que mais uma vez se mostraram falsos.

O próximo single do grupo, "One Thing", tinha sido lançado como segunda música de trabalho em várias partes da Europa e terceira no Reino Unido. A canção foi composta por Rami Yacoub, Carl Falk e Savan Kotecha, e o videoclipe mostrava os garotos fazendo palhaçadas em Londres, cantando em cima de um ônibus, em pontos turísticos e em uma praça, como se fossem artistas de rua. Muito elogiado pela simplicidade inovadora, ele rapidamente chegou a 160 milhões de visualizações no YouTube. Os garotos adoraram gravá-lo: "Foi incrível", contou Harry à Capital FM: "Nós literalmente agimos como uns bobos em Londres por um dia e filmamos tudo."

As críticas foram empolgadas: Zachary Houle, do *PopMatters*, comparou "One Thing" com o single dos

Backstreet Boys "I Want It That Way": "A música tem uma melodia que rouba levemente o refrão do "I Want It That Way", grande sucesso dos Backstreet Boys — tanto que Nick Carter, A.J. McLean e os empresários poderiam muito iniciar um processo de plágio se quisessem. Homenagem ou roubo? Você decide", escreveu ele. Brian Mansfield, do *USA Today*, fez a mesma comparação: "Fãs de boy band da geração anterior podem notar semelhanças com "I Want it That Way", dos Backstreet Boys, em "One Thing". Este lembrete da história das boy bands pode ou não ser intencional, mas o efeito é o mesmo", declarou ele. Adam Markovitz, do *Entertainment Weekly*, disse que a música era "irresistivelmente animada". Lewis Corner, do *Digital Spy*, deu ao single quatro estrelas de cinco, elogiando o riff de guitarra, o refrão "forte" e a melodia cativante, resumindo a música como "um sucesso pronto". Jason Lipshutz, da *Billboard*, disse que a música era "pop rock perfeitamente executado" e que "iria reinar nas rádios por vários meses".

E "What Makes You Beautiful" continuava indo muito bem. O single ganhou o BRIT Award 2012, embora Harry tenha cometido uma pequena gafe ao agradecer à Radio 1 em seu discurso — quando, na verdade, o prêmio foi votado pelos ouvintes da Capital FM. Contudo, ele se corrigiu depois ao dedicar o prêmio aos fãs: "Tudo o que fazemos é para vocês e este prêmio pertence a vocês." Mesmo assim, a banda foi obrigada a se desculpar publicamente, pois a Capital FM se recusou a tocar as músicas deles ou falar sobre seus shows. "Os garotos se deixaram levar pela empolgação da vitória", disse o comunicado oficial. "A banda gostaria de agradecer a todos os ouvintes da Capital FM pelo apoio e por votar neles." Mas os garotos não ficaram tristes por muito tempo, segundo Harry contou ao *Daily Express:* "Vou colocar o prêmio no banheiro. Não dá para colocar um desses em um lugar muito à vista, como a sala ou em cima da lareira. Se você colocar no banheiro, todo mundo vai ter que ir até lá em algum momento."

Depois disso, os meninos do One Direction fizeram uma aparição promocional em Paris, onde foram atacados por uma multidão na estação de trem Gare Du Nord. Foi preciso contratar mais seguranças para conter as fãs, algo que já estava virando rotina para eles. Harry, em particular, era o centro das atenções e foi totalmente cercado por garotas na festa Sony Belvedere, no Arts Club. Enquanto isso, os ingressos para a turnê de março de 2013 se esgotaram tão rapidamente que novas datas precisaram ser agendadas às pressas. Mais uma vez, as mídias sociais foram usadas para aumentar o interesse do público: "Estamos acrescentando novos shows o mais rápido que podemos! Continuem tentando, pessoal!", tuitaram eles, gerando várias respostas: "Consegui meu ingresso! Estou tão feliz!", escreveu uma fã chamada Laura na página do Facebook dos meninos. "Amo o One Direction!", disse Caitlin Mahon. "Mal posso esperar para ver esses garotos lindos.", empolgou-se Grace Dallimore, completando: "É o dia mais feliz da minha vida." Os fãs acamparam nas ruas por até 40 horas (muitos acompanhados dos pais) e passaram duas noites na calçada. "Minha filha ama o One Direction e eu faria qualquer coisa por ela", contou uma típica mãe, Sam Horrocks, de Castle Bromwich, West Midlands.

No fim de fevereiro, os garotos voltaram à América do Norte, mais especificamente ao Canadá, onde enfrentaram outras cenas de histeria em massa. O furor era tão grande que foi preciso fechar algumas estradas em Toronto, onde o grupo faria sua primeira aparição na TV canadense. Exatamente como em todos os outros lugares, eles rapidamente estavam se transformando em uma sensação por lá. O programa de TV em que eles apareceram se chamava *MuchMusic* e os gritos no estúdio eram tão altos que mal dava para ouvir os garotos cantando. As fãs jogavam presentes e exibiam placas e faixas, enquanto a barreira de seguranças lutava para contê-las. Era o pandemônio de novo.

De volta ao Reino Unido, Harry se mudou para um novo apartamento. A propriedade (com direito até a jardim zen japonês) estava estimada em 575 mil libras e localizava-se no leste de Londres, região da moda. Ele também gastou um bocado com uma obra de arte chamada *If You Remember Me, Than I Do Not Care If Everyone Else Forgets*, de Hayden Kays, que fala de modo pungente sobre corações partidos. "O significado por trás dessa obra é o amor e a perda. A maior parte de meu trabalho trata deste tema e também sobre o que fazer com um coração partido", explicou Kays ao *Sun*. "Adoro que o Sr. Styles esteja curtindo a minha obra. Fiquei um pouco surpreso quando ouvi que ele tinha comprado. Na verdade, eu encontrei todo o grupo no ano passado durante o *X Factor*, e ele era o mais simpático deles. Ele estava aceitando tudo com calma, enquanto os outros pareciam coelhos diante dos holofotes."

Mas Harry não teria muito tempo para relaxar: a turnê nos EUA estava tomando o tempo e a energia de todos. Enquanto isso, a mídia criava uma rixa entre o One Direction e o grupo The Wanted, cujo single "Glad You Came" entrou nas paradas em quinto lugar, enquanto "What Makes You Beautiful" não ficou nem mesmo entre as dez mais tocadas. Max George, da banda The Wanted, fez questão de botar lenha na fogueira. "Não acho que as pessoas nos vejam como o mesmo tipo de banda, porque eles são vistos mais como um grupo no estilo Jonas Brothers, aparecendo em programas de TV e revistas voltadas para crianças", disse ele. "Eles são mais presentes nas revistas do que nas rádios. Somos uma banda de música, afinal." Foi uma alfinetada, mas o One Direction iria rir por último ao deixar os Estados Unidos de queixo caído, ofuscando o grupo adversário, como eles fizeram.

A turnê — dez shows abrindo para a banda norte-americana Big Time Rush — começou em Chicago no dia 24 de fevereiro, seguindo para Nashville, Toronto, Detroit e Washington, terminando em Nova York. A agenda era pesada. "Eu fico doente o tempo todo, com essas viagens e voos longos", contou Harry ao *Daily Mirror*. "Quatro de nós tiveram que tomar vitaminas porque estávamos exaustos. Minha injeção foi no bumbum. Também sinto saudades de casa."

A recompensa, contudo, valeu a pena. As garotas os adoravam, seguiam a banda a todos os lugares e inventavam maneiras cada vez mais criativas para atrair a atenção dos ídolos: em Boston, cinco fãs vieram vestidas como os integrantes da banda. Quando eles tocaram no Radio City Music Hall, em Nova York, para mais de 6 mil pessoas (gerando novas comparações com os Beatles e os Stones), os garotos ficaram tão empolgados com o sucesso que arrumaram confusão em um boliche no qual foram depois do show e acabaram arremessando as bolas com tanta força que destruíram o maquinário do local. Eles levaram uma bronca da gravadora, mas, de certa forma, era inevitável: afinal, eles eram jovens. Muito mais jovens que os Beatles ou os Stones em início de carreira e recentemente chegados a Manhattan. Claro que estavam empolgados — como não ficar?

Enquanto as comparações com a banda The Wanted continuavam, a histeria ao redor do One Direction aumentava. Uma aparição no *Today Show* atraiu 15 mil fãs devotas, exigindo reforço na segurança e gerando recomendações para os meninos não saírem em público. Quando Niall tentou tirar fotos em Times Square, foi mandado de volta para o hotel. O álbum *Up All*

Night liderava a parada do iTunes americano, aumentando ainda mais o clima de Beatlemania com o One Direction. Os garotos foram os primeiros a rir de tudo isso, mas o sucesso que estavam tendo certamente lembrava o do Quarteto de Liverpool, mesmo que o estilo de música fosse diferente.

Sonny Takhar, o diretor-geral da Syco, disse ao jornal *The Guardian* que pelo menos uma parte desse sucesso se devia ao poder das mídias sociais: "Às vezes, você sente que a música é a estrela, mas isso não acontece aqui — os artistas são os astros", explicou ele. "É a hora da verdade. As mídias sociais são as novas rádios, nunca um artista estourou mundialmente dessa forma." Mas, obviamente, o artista precisa ser bom para manter a atenção. O negócio pode estar passando por mudanças, mas talento ainda é imprescindível.

Os garotos sabiam como estavam sendo apresentados ao novo país. "Nosso gerente de turnê disse que levaria três anos de trabalho duro para estourarmos nos Estados Unidos. Então, para nós é incrível já termos começado com tanto sucesso", disse Liam ao *Daily Mirror*. "O Twitter tem sido um grande fator de divulgação do One Direction nos EUA. Nós crescemos junto com o

Twitter. Andamos lado a lado. E em termos de imagem, o Tumblr nos ajudou também, acelerando bastante nosso sucesso."

Harry entendia a importância das mídias sociais, enfatizando que a banda cuidava das próprias contas do Twitter, em vez de contratar alguém para fazer isso, como é comum no meio. "É muito importante termos essa conexão direta com os fãs através do Twitter, para que eles possam nos conhecer", contou Harry ao *Guardian*. "Não faria sentido alguém em um escritório fazer isso, porque acabaria com o objetivo do negócio. Nós mantemos contato com o público e damos algo pelo qual ele aguarda ansiosamente." A estratégia estava dando certo.

O sucesso era desconcertante. Em três semanas, "What Makes You Beautiful" vendeu mais de 260 mil discos, sendo a música mais pedida nas rádios norte-americanas. O One Direction foi o primeiro grupo pop britânico a estrear em primeiro lugar na parada de álbuns dos Estados Unidos, algo que nem os Beatles ou os Stones conseguiram. Harry estava tão espantado quanto todo mundo. "Para nós, só o fato de estarmos aqui e gerarmos esse tipo de reação já é simplesmente incrível", contou ele ao *Daily Mirror*. "As pessoas estão sendo muito legais, e receptivas, e o fato de terem se interessado em nós faz com que a gente se sinta especial. Não estamos pensando muito no futuro. Na verdade, ainda estamos digerindo tudo isso."

Harry não conseguia resistir e continuava sendo galanteador. Visitando uma estação de rádio, ele tirou uma foto da estrela de reality show Kim Kardashian e escreveu um bilhete dizendo: "Me liga!" O rapaz também não podia controlar sua alegria. "Vamos dar uma festa quando tivermos a oportunidade, mas antes definitivamente vamos fazer Simon coçar o bolso e nos levar para jantar em Los Angeles", prometeu ele ao *Sun*. "Somos apenas cinco caras normais do Reino Unido. O que aconteceu com a gente é inacreditável. Eu sei que parece um imenso clichê, mas é realmente sensacional. É um sonho realizado. Há apenas um ano, éramos cinco garotos que nem se conheciam. Agora, somos cinco excelentes amigos e coisas incríveis estão acontecendo. Somos imensa e verdadeiramente gratos a cada um de nossos fãs e a todos que nos apoiaram. Só queremos agradecer a todo mundo, todos são sensacionais."

Mas os garotos também eram sensacionais. Em um período de tempo incrivelmente curto, eles se tornaram

Como tudo começou... A grande promessa do *X Factor*, o One Direction, posa com seu mentor, Simon Cowell.

Os rumores que diziam que Harry estava namorando outra competidora, Cher Lloyd, se provaram falsos, mas os dois ainda são muito próximos.

Os paparazzi logo se tornaram um problema, e Harry começou a experimentar um lado menos glorioso da fama.

Cercados por uma multidão de garotas, Harry e os meninos frequentemente precisam da ajuda de seguranças.

No tapete vermelho na estreia do filme *As crônicas de Nárnia: A viagem do Peregrino da Alvorada*, ainda durante o *X Factor* — os meninos já sabiam que pertenciam ao mundo da fama.

Harry parece à vontade na cozinha do programa *This Morning*. Ele é um homem moderno e admite que adora cozinhar e limpar a casa!

Os meninos estavam animados para começar a turnê e lançar seu primeiro single, "What Makes You Beautiful".

Só na mordomia... Mas Harry adora bancar o palhaço!

Os holofotes estão em cima de Harry — logo as meninas o escolheram como seu integrante preferido.

Quando o relacionamento entre Harry e Caroline Flack (15 anos mais velha) vem à tona, ela é atacada pela mídia e por fãs iradas no Twitter.

Que boneco... Mas os outros meninos dizem que se parece com Susan Boyle!

O atencioso Harry compra café para todo mundo.

Harry estava estiloso no BRIT Awards com sua gravata-borboleta gigante.

Sim, é isso mesmo! O grupo, surpreso, agarra seu BRIT Award.

Vivendo seu melhor momento na juventude, os meninos do One Direction estão prontos para dominar o mundo!

A fama é como um passeio de montanha-russa, mas cada um dos garotos se assegura de que o outro continue com os pés no chão.

Depois que esta foto de Harry e Emma Ostilly ganhou as páginas dos jornais, a modelo recebeu tantas ameaças pelo Twitter que foi forçada a deletar sua conta.

Harry Styles revela exatamente o que o faz lindo em um iate
em Chinaman's Beach, Sydney.

Em sua maior apresentação até então, o One Direction se une aos maiores talentos britânicos na Cerimônia de Encerramento dos Jogos Olímpicos.

Nem tão bonito assim... No *Elvis Duran and the Morning Show*, os outros membros da banda empurram o rosto de Harry em um bolo feito especialmente para parabenizá-los pelo sucesso nos Estados Unidos.

As garotas enlouquecem com Harry no MTV Video Music Awards.

O One Direction recebe um de seus três MTV Awards,
coroando sua chegada ao cenário pop americano.

Ele beijou uma garota e adorou... Katy Perry parabeniza Harry de uma maneira única.

Manchete! Harry e Taylor Swift foram flagrados em um romântico passeio no Central Park após visitarem o famoso zoológico do local.

Harry e Taylor não conseguem escapar da imprensa durante o namoro.

Harry imita os passos de Chris Martin no palco.

O One Direction se apresenta no último episódio do *X Factor USA*, mostrando quanto o grupo evoluiu desde sua primeira aparição na versão britânica do programa.

Relaxando nos bastidores. Apesar do sucesso, os meninos continuam sendo os mesmos garotos tranquilos de sempre.

Harry Styloso! Ele sabe como conquistar o coração de uma garota — e é o que tem feito pelo mundo inteiro.

um dos artistas de maior sucesso já produzidos pela Grã-Bretanha. E estavam amando cada minuto disso. Dos dias que passaram no *X Factor* às turnês em locais pequenos na Grã-Bretanha até o sucesso nos Estados Unidos, nem o Take That, a quem eles consideram ídolos, tinham conseguindo tanto. E a banda acabara de começar.

8 OS BRITÂNICOS ESTÃO CHEGANDO

Os garotos tinham conseguido. Eles marcaram a história da música ao conseguirem ser o primeiro grupo britânico a ter chegado ao primeiro lugar nos Estados Unidos com o álbum de estreia — e todos os envolvidos estavam em êxtase. Simon Cowell foi o primeiro a parabenizá-los: "Eu não poderia estar mais feliz pelo One Direction. É uma conquista incrível. Eles merecem, pois têm os melhores fãs do mundo."

Desnecessário dizer que Harry não cabia em si de felicidade: "É mais do que um sonho realizado. Queremos agradecer a cada um dos fãs que temos nos Estados Unidos que comprou nosso álbum e também gostaríamos de agradecer ao público norte-americano por todo o apoio."

Outros também não economizaram elogios. Olly Murs, ex-astro do *X Factor*, chamou a proeza de "sensacional", enquanto uma generosa Caroline Flack disse pelo Twitter: "Notícia incrível para o One Direction! IMENSAMENTE incrível. Bjs." Considerando o tratamento que ela recebeu de algumas usuárias do site no passado, foi uma atitude bastante bondosa. Também foi confirmado que os garotos apareceriam na Nickelodeon, e fariam shows em várias cidades norte-americanas, como Fairfax, Las Vegas, Los Angeles e Nova York. Foi o melhor desempenho de uma banda britânica desde 1997, quando as Spice Girls entraram nas paradas dos Estados Unidos em sexto lugar com o álbum *Spice*, mas nem mesmo elas tinham ido tão bem.

"É surreal", espantou-se Harry. "Somos caras normais, mas os norte-americanos podem ver que somos amigos de verdade no palco." Nos bastidores, tudo continuava na mesma, inclusive os boatos sobre Kim Kardashian e Harry. O charme do rapaz se mostrava tão eficiente nos Estados Unidos quanto em sua terra natal.

De volta ao Reino Unido, o comediante David Walliams entrevistou Simon Cowell para o jornal *Independent*. O chefão anunciou sentir muito orgulho de ter descoberto o One Direction, pois eles foram criados no programa. "Na época, duas pessoas, Harry e Liam, tinham ido muito bem nas primeiras audições e ficamos muito decepcionados quando eles não passaram para a segunda rodada", contou Simon. "Quando eles estavam prestes a sair, pensei: 'Acho que deveríamos colocar estes cinco caras em um grupo', e literalmente levei só dez ou 15 minutos para tomar essa decisão. Agora, eles acabaram de estrear em primeiro lugar na parada de álbuns norte-americana, sendo a primeira vez que isto acontece com um grupo britânico."

Quanto ao futuro, Simon estava otimista: "Bom, você vai levando semana a semana. Definitivamente, os meninos têm futuro. Eles acabaram de assinar com a Nickelodeon e têm uma oferta para fazer um filme. Há algo especial nesses garotos, por isso tenho orgulho deles. Olha, vou ser bem sincero: tenho 52 anos e chega um ponto na vida em que você está em um desses programas e começa a se perguntar se sua opinião ainda é relevante." A opinião de Cowell certamente era relevante neste caso. Nenhum dos envolvidos poderia ter previsto a extensão do sucesso do One Direction.

Se havia alguém que não estava empolgado com tudo aquilo eram os integrantes do grupo The Wanted, cuja carreira não ia tão bem nos Estados Unidos quanto a do One Direction. E, ainda por cima, eles resolveram começar uma guerra verbal com os concorrentes.

Os meninos do One Direction foram espertos o suficiente para não responder às provocações, embora Tom Parker já tivesse atacado-os antes. Ainda que os integrantes do The Wanted fossem mais velhos que os rivais, o One Direction estava tomando a atitude mais madura. "Acho isso bem bobo, para ser sincero", confessou Louis ao *In: Demand*. "Somos duas boy bands, mas fazemos músicas bem diferentes." Este argumento claro foi levado em consideração pelo The Wanted, que pareceu se arrepender dos ataques feitos anteriormente. "Quando alguém pega suas palavras e as distorce assim é como levar uma facada pelas costas. #ondeforampararoscaraslegais!?" escreveram, angustiados, no Twitter.

Enquanto isso, as fãs americanas queriam saber cada vez mais sobre o One Direction. Quando a banda apareceu em um shopping em Natick, no estado de Massachusetts, foi atacada por 5 mil fãs. Ao viajar de limusine pelas ruas de Nashville, Tennessee, duzentas garotas perseguiram o veículo. Embora Harry continuasse a ser o membro mais popular, os outros também deixavam sua marca: em um evento em que eles deram autógrafos em Long Island, uma garota segurou na mão de Zayn e desmaiou na hora. "Provavelmente foi a coisa mais esquisita que já vi", relembrou depois.

Porém, algumas pessoas não conseguiam esconder o preconceito. "Isso não pode estar certo", reclamou a revista *Rolling Stone*. "A última era das boy bands não tinha acabado?" A publicação também comentou a rivalidade entre One Direction e The Wanted, batizando-a de "rivalidade Backstreet Boys *versus* 'N Sync para a geração da recessão." Outros, porém, eram mais positivos: "Eles chegaram na hora certa, deixaram a sensação viral simplesmente acontecer", constatou Rachel Chang, editora da revista adolescente *J-14*. "As garotas sentiam que estavam descobrindo os rapazes por conta própria, exatamente como fizeram com Justin Bieber."

Enquanto isso, os garotos estavam se preparando para aparecer no prestigioso Kids' Choice Awards. Não só Harry continuava a ser o integrante mais popular da banda com as fãs, como garotos adolescentes começavam a copiar o visual dele. A semelhança com um jovem Mick Jagger era cada vez mais evidente.

O The Wanted continuou com o processo para fazer as pazes. Siva Kaneswaran agora fazia questão de mudar o rumo da conversa, dizendo que os dois grupos tinham integrantes irlandeses. "Encontramos os caras do One Direction quando nos apresentamos no *X Factor* e eles estavam começando. São garotos legais", disse ele.

"Cada um tem seu próprio mercado e estilo, e há espaço para todos. As duas grandes boy bands do momento têm integrantes irlandeses, então acho que isso diz tudo, não? Se você quiser fazer sucesso e estourar nos Estados Unidos, precisa ter um irlandês."

Enquanto os garotos continuavam a conquistar os Estados Unidos, as desvantagens de sair em turnê ficavam cada vez mais claras. Eles ainda eram muito jovens, e Harry estava com muitas saudades de casa. Afinal, ele tinha ido morar sozinho há pouco tempo e sempre foi extremamente ligado à família — tanto que tinha o hobby de cozinhar para eles. Mas isso estava totalmente fora de cogitação no momento, pois não era possível conciliar o trabalho para estourar nos EUA com cozinhar na frente do fogão. Com toda a empolgação e as novas experiências, não havia tempo para se dedicar à família. No Reino Unido, as fãs temiam que o One Direction decidisse se fixar nos Estados Unidos, mas eles fizeram questão de deixar claro que não tinham intenção de deixar a Inglaterra para sempre.

De volta ao Reino Unido, Caroline Flack ainda se recuperava de todo o estardalhaço causado por seu relacionamento com Harry. Conforme a moça relatou ao *Sun*, foi "muito difícil" lidar com tudo aquilo. E acrescentou:

"Todo mundo tinha uma opinião sobre mim e Harry, o que dificultava ainda mais. Aprendi uma lição. No futuro, é melhor ser discreta." Era uma lição que as próximas namoradas de Harry precisariam aprender.

Levando em consideração a quantidade de futuras namoradas que estavam por vir, os boatos de que Harry e Louis Tomlinson começaram um relacionamento — chegando até mesmo a batizarem o casal de "Larry Stylinson" (no estilo de Brangelina e similares) — eram, no mínimo, estranhos. Os boatos pareciam ter sido iniciados pelo fato do público norte-americano não entender que a proximidade entre eles se baseava na amizade e nada mais, embora seja preciso dizer que Harry e Louis davam margem a essa especulação. "Minha primeira paixão foi Louis Tomlinson", contou Harry em uma entrevista, sem problema algum. "É uma sensação mútua. Nós conversamos sobre isso. Louis me faz rir." "Algumas pessoas realmente acham que estamos juntos", contou Louis a uma estação de rádio no Texas. "Outro dia, estava pesquisando sobre isso e eles realmente acreditam, a sério, que estamos juntos. É tão engraçado!"

Ele fez piada com a situação, mas a verdade era que alguns fãs entenderam tudo errado. Havia fóruns na internet que discutiam o fato: "Larry Stylinson é basicamente o romance secreto de Louis e Harry. Eles não admitem, mas toda directioner sabe que existe", escreveu uma fã para a outra. "Você deveria assistir aos clipes e fazer muita pesquisa sobre eles já que é nova e não acompanha o grupo desde o início." O fato é que Louis já estava com a namorada Eleanor Calder há seis meses, enquanto Harry era um tremendo pegador nos bastidores.

Enquanto os garotos continuavam a deixar sua marca nos Estados Unidos, os rivais do The Wanted não eram os únicos a acompanhar de perto o sucesso deles. Após todas as comparações com a Beatlemania, Sir Paul McCartney sentiu necessidade de dar sua opinião: "Ouvi falar que o One Direction está indo muito bem nos Estados Unidos. Ótimo para eles — parecem ser muito bons garotos. Mas existem tantas bandas que são chamadas de 'os próximos Beatles'. Na minha opinião, isso é o beijo da morte", alertou ele no programa *Daybreak*, do ITV1. "Isso coloca uma imensa pressão para que eles realmente sejam os próximos Beatles. Os rapazes do Oasis foram 'os próximos Beatles' uma vez. É uma pressão forte, porque subitamente você precisa conquistar tudo o que fizemos, e era outra época. Vamos chamá-los apenas de próxima ótima banda que está indo bem nos Estados Unidos. Boa sorte, rapazes."

Era um sentimento generoso, embora seja impossível não pensar que havia algo mais em jogo. Sir Paul é conhecido por ser competitivo e não deve ter sido fácil ver uma nova geração surgir, ameaçando tomar sua coroa, embora o ex-Beatle tenha falado que aceitaria se apresentar com eles. McCartney causou comoção há alguns anos quando disse que poderia compor uma canção dos Beatles melhor que Noel Gallagher, e havia a sensação de que ele estava feliz por ter visto pelos menos esta competição específica terminar. Os próprios garotos eram sempre os primeiros a se distanciar de qualquer comparação perigosa com o Quarteto de Liverpool, mas sem dúvida eles alcançaram um sucesso que praticamente nenhum artista britânico jamais conseguiu. Enquanto isso, o The Wanted novamente entrou em território conflituoso quando Jay McGuiness anunciou: "Queremos ser grandes artistas globais, lotando shows em todos os países. Sinceramente, queremos ser tão grandes quanto os Beatles." Às vezes, é melhor ficar em silêncio.

Quem teve uma visão mais moderada (e possivelmente mais precisa) do sucesso do One Direction foi o DJ Paul Gambaccini ao escrever no *Sun* que, sim, eles não eram os Beatles, mas a conquista deles foi extraordinária mesmo assim. "O One Direction conseguiu algo incrível com o álbum e a velocidade do sucesso. O que deixa esta proeza ainda mais assombrosa é que eles alcançaram este nível de sucesso nos Estados Unidos sem um grande single. Isso só é possível agora devido à força das mídias sociais [...] Além disso, havia um vazio a ser preenchido. Toda geração precisa de sua própria experiência pop. Os EUA estavam prontos para uma boy band e não existia nenhuma no país. Agora eles se apaixonaram não só por uma, mas duas boy bands britânicas de uma vez."

Os próprios integrantes do One Direction não se assustaram com isso. Eles apareceram no Nickelodeon Kids' Choice Awards em Los Angeles, onde conheceram Michelle Obama nos bastidores. Harry fez a primeira-dama dos Estados Unidos rir quando perguntou se era difícil pedir pizza da Casa Branca. Eles apresentaram "What Makes You Beautiful", gerando uma resposta tão entusiasmada da plateia que até ameaçaram ofuscar o grande Justin Bieber (que foi coberto de gosma, como costuma acontecer na premiação). A popularidade deles parecia aumentar a cada dia.

O próprio Justin tinha notado seus rivais e também ficou impressionado com eles. A atitude do astro adolescente quanto à comoção gerada pelo One Direction foi equilibrada, mas, mesmo com apenas 18 anos, Bieber já era um veterano da indústria do entretenimento e sabia exatamente o que eles poderiam encontrar. "Os solteiros do One Direction vão se divertir muito", previu ele ao *Daily Mirror*. "Eles têm o visual e o som certos, e quando se acrescenta o sotaque britânico à mistura, as garotas americanas ficam loucas. Claro que todo mundo precisa de talento, mas também é necessário conquistar o público norte-americano, essa é a questão. E o One Direction é formado por caras verdadeiramente bons. A indústria precisa de uma nova boy band e até o final deste ano eles serão a maior boy band do mundo." Ele também deu a entender de modo meio misterioso que conhecia uma megaestrela que tinha uma quedinha por Harry, mas se recusou terminantemente a revelar quem seria. Especulou-se que era Taylor Swift, mesmo que o relacionamento entre Harry e ela ainda fosse uma possibilidade distante.

"What Makes You Beautiful" foi enfim lançado nos Estados Unidos em abril e imediatamente subiu nas paradas. Surgiram relatos que os garotos teriam sido orientados a evitar namoradas para não desestimular as fãs enquanto estavam em alta, mas isso não poderia estar mais longe da verdade. Harry, em especial, estava se divertindo bastante. Depois que o One Direction saiu dos Estados Unidos, a banda foi para a Austrália, e surgiu um boato de que Harry estava vendo outra mulher mais velha, a fotógrafa irlandesa Sarah-Louise Colivet, de 24 anos. A mãe dela, Jacinta, foi quem contou tudo: "É verdade, ela fez amizade com ele. Sarah ligou contando que Harry era adorável, divertido e muito legal. Ela o conheceu em Nova York, e é reservada, então não entrou em detalhes. Acho que ela ainda não percebeu que as garotas estão loucas. Harry foi à Austrália agora, mas os dois definitivamente vão manter contato." Eles se encontraram depois de um show do One Direction, mas o relacionamento não iria durar, pois Harry estava ocupado demais, e o momento não era o ideal. Sarah-Louise teve sorte, porém, pois não sofreu nada parecido com a agressão que Caroline foi obrigada suportar. Ela até recebeu alguns elogios de pessoas que disseram que ela era bonita e merecia namorar Harry. Mostrando sabedoria, ela foi discreta e não disse nada.

Mesmo assim, todos repararam que ela tinha 24 anos. Dessa vez, era uma diferença de seis anos em vez de 15. Apesar de Harry ter alcançado os 18 anos (e, portanto, estar mais perto da idade adulta), ainda assim ficou claro que o relacionamento dele com Caroline Flack não era casual: Harry gostava de mulheres mais velhas.

Houve relatos de que Harry estaria namorando a cantora norte-americana Lily Halpern, mas era mentira. Embora tenha levado algum tempo para render algo, a notícia mais interessante para os fãs foi quando surgiu a notícia de que Taylor Swift era a grande estrela que tinha uma queda por Harry. Os dois se conheceram na entrega dos prêmios da Nickelodeon, e Taylor — outra mulher mais velha, embora a diferença de idade fosse menor, pois ela tinha apenas 22 anos — tinha ficado bastante impressionada. "Taylor é uma grande fã do One Direction e estava empolgadíssima quando os garotos entraram no palco", contou ao *Daily Mirror* uma testemunha que estava nos bastidores. "Depois, ela foi conversar com o Justin [Bieber] e disse o quanto achava Harry um gato. O cantor brincou sobre manter a namorada Selena Gomez longe da banda porque ela também é fã. Taylor foi aos bastidores, ficou perto do camarim do grupo, disse um 'oi' rápido para os rapazes e começou a se abanar dramaticamente depois, deixando clara sua empolgação, o que fez todos rirem. Ela realmente gosta de Harry, mas fez Justin prometer não contar isso em público."

Harry também ficou bastante impressionado. "Me sinto ótimo. Acho que todos os envolvidos são grandes artistas, então o fato de eles gostarem de nossa apresentação foi incrível. Katy Perry estava lá, Selena Gomez também, além de Ashley Tisdale. Taylor Swift estava até dançando..." Ele não disse mais nada na época, mas Taylor obviamente deixara uma boa impressão. Porém, Harry ainda tinha muita gente para pegar antes.

Ele também mostrou interesse na estrela de reality shows Jillian Harris, 14 anos mais velha. Mostrando ter confiança de sobra, Harry a viu em um restaurante no W Hotel, foi até lá e pediu seu telefone. Desta vez, porém, o famoso charme do rapaz não funcionou. "Sou muito velha para você" foi a resposta de Jillian ao jovem admirador, conforme ela relatou ao *Sunday Mirror*. "Harry pediu meu telefone. Ele era uma gracinha e adorável, mas jovem demais. Sinto muito, mas nunca namoraria um garoto de 18 anos. Acho que isso nem é permitido nos Estados Unidos. Estávamos sentados logo atrás da mesa dele. Eu nem sabia quem Harry era, pois escuto música country e nunca tinha ouvido falar do One Direction, mas minha amiga conhecia o grupo e falou quem ele era."

"Quando estávamos saindo, ele veio falar direto comigo e disse que gostaria de me levar para jantar. Eu não sabia o que dizer. Acho que apenas ri. Depois, ele falou que faria um show no Canadá ainda naquele ano. Respondi que talvez minha amiga e eu fôssemos assistir. Ele disse que adoraria nos ver lá e pediu meu telefone. Não consigo me lembrar do que respondi. Acho que não fui mal-educada, só fiquei rindo e comentei que era velha demais para ele — o que não pareceu abalá-lo nem um pouco. O rapaz era muito autoconfiante, além de ser uma gracinha. Se eu tivesse 21 anos, estaria doida por ele, mas tenho 32 e acho que não seria adequado." Não era uma reação comum ao charme de Harry.

O único obstáculo para o One Direction era o One Direction — ou, mais especificamente, uma boy band norte-americana de mesmo nome que não tinha nada a ver com sua contraparte britânica. Eles e o empresário Dan O'Leary (pai do vocalista principal do grupo, Sean), acompanhavam furiosos o caminho do One Direction britânico. Eles não tinham nem de longe o mesmo sucesso e estavam furiosos com o que viram como apropriação do nome da banda deles e decidiram processar Simon Cowell e os garotos, atraindo a raiva dos fãs do One Direction britânico.

Alegando usar esse nome desde 2009, eles queriam 1 milhão de dólares e o triplo dos lucros obtidos pela banda britânica. "Ele [Simon Cowell] está louco se acha que vamos ficar parados, aceitar isso tudo sem problemas ou recuar", ameaçou Dan. "Não vamos ser atropelados por um magnata do mundo da música. O One Direction britânico tem os imensos recursos do Sr. Cowell por trás deles — ao contrário de nós. No entanto, nós fomos os primeiros. Temos direitos, temos talento e temos coração. Os sonhos do meu filho e da banda são tão importantes quanto os sonhos do grupo de Cowell."

Isso até podia ser verdade, mas ele também estava certo em outro ponto: Dan não tinha o poder ou a influência de Simon Cowell. De qualquer forma, naquele momento o One Direction britânico já havia se estabelecido, então por que a banda deveria abrir mão do nome? Era uma pressão com a qual o grupo poderia ter passado sem, mas os garotos não se deixaram afetar e continuaram trabalhando. Os fãs, porém, não foram tão calmos e começaram a mandar e-mails com mensagens de ódio e ameaças de morte, especialmente a Dan O'Leary, visto como o instigador da ação. Sean mencionou as ameaças de morte recebidas pelo pai, mas, considerando a força dos sentimentos exibidos pelas fãs do One Direction no passado, não deveria ter sido uma surpresa tão grande.

A essa altura, os garotos estavam na Austrália, onde se descobriram tão populares quanto nos Estados Unidos.

Coincidentemente, a cantora Rihanna estava no país durante a mesma época e deixou claro que ela também achava Harry lindo. Segundo ela, o garoto tinha carisma. Harry adorou saber disso: "É absolutamente incrível. Eu adoraria conhecê-la." Na verdade, os dois estavam brincando — afinal, será que rolaria algo entre eles? Claro que não rolou, mas rendeu boas manchetes.

Os garotos continuaram a se divertir nas horas vagas: eles foram flagrados se esbaldando na praia Manly Beach, em Sydney, enquanto aumentavam as especulações sobre quem seria a próxima namorada de Harry. A essa altura, o rapaz já tinha permissão para beber e saiu com Zayn exatamente para isso em uma determinada noite. Eles foram ao bar Scary Canary — e acabaram julgando uma competição de camiseta molhada. A mochileira Emma Carrigan testemunhou tudo: "Foi uma loucura. Vamos lá toda noite e o lugar nunca esteve tão lotado como quando os dois apareceram", contou ela ao *Daily Mirror*. "Eles tinham passado no Ivy, na George Street, mas Harry achou muito calmo e chato e queria ir a um lugar mais animado. A multidão atacava os garotos e se jogava em cima deles. Foi tão sério que um dos seguranças precisou isolar uma área para os dois. Zayn chamou umas dez garotas da multidão para se juntarem a eles, mas ele era o mais calmo dos dois. Quando a competição da camiseta molhada começou, Zayn ficou apenas olhando e sorrindo, mas Harry ficou maluco e gritava: 'Vai, vai!' Eram apenas dois caras adoráveis se divertindo."

A combinação da exuberância e do charme de Harry estava se mostrando irresistível. Tanto pessoalmente quanto por meio de sua persona pública, ele não parava de conquistar corações e mentes. Às vezes, Harry podia ser um pouco imaturo; em outras ocasiões, lembrava bastante Mick Jagger. Independente de tudo isso, as mulheres o adoram e os garotos também (mesmo que nem sempre admitam). Harry era a mais sortuda das criaturas: as moças queriam ficar *com* ele e os rapazes queriam ser *como* ele. O entusiasmo contagiante, aliado à alegria escancarada com o que estava lhe acontecendo era incrivelmente atraente. Todos os integrantes da banda viviam momentos fantásticos, mas nenhum mais que Harry.

Contudo, o lado sombrio da fama sempre se fazia presente. Quando os garotos foram à estação de rádio Nova, em Sydney, fizeram um estardalhaço com a recepcionista, Anna Crotti. Harry chegou a comentar: "Ela é uma graça. Tem olhos lindos e é educadíssima." Zayn a convidou para sair com o grupo e tomar um drinque, mas, quando a notícia vazou, os trolls da internet apareceram na hora, mandando mensagens desagradáveis no Facebook e ligando para a rádio com ameaças. Anna, que de qualquer forma tinha namorado, acabou cancelando o drinque.

9 DIRECTIONERS

"Não tinha como esse grupo dar errado", escreveu, em Brisbane, Lars Brandle para o Billboard.com ao fazer a crítica de um dos shows esgotados do One Direction na Austrália. "A histeria os acompanhou desde que eles puseram os pés no país, e este show serviu como uma demonstração do delírio em massa. A multidão, quase totalmente composta por adolescentes do sexo feminino, estava absolutamente vidrada, fanática. Desde a apresentação da banda de abertura, a multidão de mais de 5 mil pessoas criou um ruído tão violento que teria abafado a maioria das máquinas surgidas na Revolução Industrial... Por oitenta minutos, os jovens astros do pop cantaram, rodopiaram e piscaram para as fãs apaixonadas que ocupavam os melhores assentos. Foi tudo ágil, leve e divertido. A plateia, um caldeirão colorido de bastões luminosos e camisetas brancas do One Direction, adorou."

Esta era a crítica típica sobre os shows do One Direction em todos os lugares que a banda ia. A turnê estava se mostrando um sucesso comercial e de público, embora nunca tivesse havido qualquer dúvida deste resultado. Todos os shows se esgotaram minutos após serem anunciados, e muitas pessoas não diziam, mas consideravam os locais pequenos demais. Talvez fosse melhor errar para menos, pois um estádio parcialmente vazio teria maculado a reputação crescente da banda, mas o fato é que, àquela altura, eles teriam lotado até mesmo um grande estádio. Os garotos eram um verdadeiro fenômeno. Eles continuavam a ser atacados por multidões em todos os lugares, geravam manchetes apenas ao aparecer em uma cidade e eram o pesadelo dos seguranças, embora não tenham culpa nisso, visto que não podiam se mexer sem atrair uma imensa multidão. A situação era igual em todos os lugares e o nível de histeria provocado por eles certamente os colocava em destaque.

Conforme a fama dos meninos aumentava, o interesse do público se estendia às famílias dos integrantes da banda. E, assim como Harry virou o integrante mais conhecido do One Direction, sua mãe, Anne, virou a parente mais famosa de um dos integrantes da banda, principalmente devido a sua conta no Twitter, regularmente atualizada por ela, que usava a recém-adquirida fama de modo a arrecadar fundos para escalar o monte Kilimanjaro com fins beneficentes. Ela estava se mostrando extremamente popular entre os fãs: Harry fez a hashtag #happybirthdayanne (que, em português, significa "feliz aniversário, Anne") ficar entre os Trending Topics do Twitter, enquanto algumas fãs criaram páginas no Facebook, em que agradeciam por trazer Harry ao mundo e elogiavam sua beleza. E elas não eram as únicas a pensar isso: todos os integrantes do One Direction comentavam o quanto Anne era atraente, para vergonha de Harry. Até Alan Carr, personalidade da TV britânica, a chamou de linda. Anne, como tantas mulheres associadas a Harry, foi obrigada a suportar uma boa dose de agressões virtuais, mas enfrentou tudo com classe e estilo: "Espero que você encontre paz interior", respondia calmamente aos comentários cruéis.

É claro que Anne ficava constantemente surpresa com o que acontecia ao filho famoso. "Vou às nuvens sempre que Harry aparece na TV", admitiu ela ao *Daily Mirror*. "Sinto um imenso orgulho. É tão surreal ver meu menino no palco. No fim das contas, ainda é o meu bebezinho quem está no palco diante de milhões de pessoas." Milhões de pessoas que o adoram, ela poderia ter acrescentando. As fãs eram dedicadíssimas à banda, batizando-se de directioners, apelidando o grupo de 1D e seguindo todos os passos deles. O grupo realmente tinha alcançado fama global, deixando todo mundo de boca aberta. A única pessoa que pareceu não ser afetada pelo fenômeno foi Madonna, que se mostrou anormalmente desligada ao ser perguntada sobre a banda no *Daybreak*, do ITV1: "É um grupo pop, não é? Desculpe, não sei." Ao saber que era realmente um grupo pop, ela continuou: "Eu não os vi ainda, sinto muito. Pode puxar a minha orelha." O fato da maior sobrevivente do mundo pop não ter ouvido falar da nova sensação que assolava o planeta foi, sem dúvida, um deslize raro.

Os garotos continuaram a encantar a Austrália, onde foram fotografados abraçando coalas antes de irem à Nova Zelândia. Lá, houve boatos de que Harry teria ficado com a modelo norte-americana Emma Ostilly depois de o casal ter sido visto no bar da moda Gypsy Tea Room. Harry estimulou os rumores ao publicar uma foto com Emma na internet. Embora o rolo não tenha virado um relacionamento sério, só aumentou a reputação de Harry como pegador. E também levou aos problemas de sempre: foram tantos trolls que Emma foi obrigada a deletar sua conta no Twitter e a mudar de nome no Facebook. Entre todas essas farras, os garotos conseguiram encaixar alguns shows, apresentando-se em Auckland e Wellington enquanto continuavam a busca pela dominação global.

No fim de abril, após uma temporada de muito sucesso nos Estados Unidos, Austrália e Nova Zelândia, o One Direction voltou ao Reino Unido em meio a notícias de que eles dariam um tempo depois da árdua turnê. Na verdade, todos estavam determinados a manter o pique: um período de duas semanas de férias seria o máximo que eles conseguiriam tirar. Atiçando a reputação de gostar de mulheres mais velhas, Harry fez questão de contar ao *Sun* quem seriam seus símbolos sexuais: Angelina Jolie, Kate Moss e Kate Winslet. "Não sou um cara de dar cantadas. Nunca sei o que fazer", acrescentou, meio dissimulado. Para Harry, bastava ser ele mesmo — seu charme natural garantiria o sucesso.

Contudo, isso continuava a causar problemas para as mulheres que tinham alguma ligação com Harry. Quando ele voltou a Cheshire para reencontrar a família, foi visto com uma velha amiga, Ellis Calcutt. Ele a levou para dar uma volta em seu mais novo carro, um Audi R8 Coupé, e depois foram tomar um café. Supondo que ela era a namorada da vez, as trolls do Twitter foram rápidas e começaram a enchê-la com as agressões de praxe. Ellis decidiu enfrentar o problema e explicou a situação no Facebook, pois, além de tudo, ela tinha namorado.

"Nossa, vocês são rápidas para criar boatos! Eu e Harry saímos para tomar um café, pois a gente não se via desde o ano passado!", explicou. "Somos bons amigos desde o ensino médio. Tenho um namorado maravilhoso chamado Phil, então podem parar de espalhar rumores sobre namoro entre nós, porque definitivamente não é verdade!" Algo semelhante aconteceu com Emma Horan, prima de Niall. Ela publicou uma foto deles no Twitter e imediatamente foi atacada, sendo obrigada a esclarecer que eles eram parentes (e não namorados) e que as outras garotas mencionadas eram amigas de infância.

Ellis não foi a única a ter que lidar com atenção indesejada: o endereço de Harry em Holmes Chapel foi divulgado publicamente, e as fãs passaram a acampar perto da casa. Tanto a família do músico quanto os vizinhos foram pegos de surpresa, mas Harry era um astro mundialmente famoso agora — além de um símbolo sexual. Ele tinha acumulado um enorme número de seguidoras e pessoas na posição dele devem esperar algo desse tipo. Ainda assim, o grupo estava causando problemas aos vizinhos, então a família abandonou temporariamente a casa em Holmes Chapel até Harry voltar para o sul.

Nessa mesma época aconteceu uma espécie de rito de passagem. Nicky Byrne, do Westlife — que estava prestes a se separar —, pareceu passar simbolicamente a coroa para as boy bands da nova geração, dizendo especificamente que estava feliz por dois cantores irlandeses — no caso, Niall Horan (de Mullingar) e Siva Kaneswaran (de Dublin) — estarem vivenciando o mesmo tipo de sucesso que o Westlife. "Acho que uma parte de mim provavelmente deseja ter 20 anos para poder fazer tudo de novo", confessou ele, em tom saudosista. "Mas você tem que dar o braço a torcer: vivemos em uma época maravilhosa e é hora de passar o bastão. Temos The Wanted e o One Direction chegando, e é um momento excelente para eles. Conheci os integrantes de ambos os grupos. São excelentes, há um irlandês em cada banda, o que é sensacional."

Depois destas palavras generosas, era hora de planejar o próximo passo. Todos sabem que o segundo álbum de uma banda é muito mais difícil de produzir do que o primeiro, por vários motivos. Para grupos que se formaram de modo mais convencional, o que geralmente ocorre é que todas as músicas do álbum estavam "cozinhando" na cabeça do compositor há anos, prontas para explodir novinhas em folha no álbum de estreia. Repetir isso mais de um ano depois não é fácil, pois as ideias utilizadas no primeiro álbum geralmente estavam se formando há muito tempo. O caso do One Direction era diferente, mas mesmo assim seria um desafio encontrar material tão promissor quanto as músicas do primeiro álbum.

E, obviamente, havia o peso da expectativa. Como eles descobriram no segundo single, as pessoas agora tinham base de comparação — o próprio desempenho da banda no álbum anterior. O One Direction foi direto para o topo, uma proeza difícil, mas agora precisaria trabalhar para se manter lá. Caso errasse no segundo álbum, o grupo poderia ser considerado um sucesso passageiro, mas todos queriam mais do que isso. Alguns astros e estrelas de reality shows tiveram carreiras duradouras (basta dar uma olhada em Susan Boyle), e se houvesse um bom apoio dos empresários, o mesmo poderia acontecer com o One Direction.

É claro que isso era do interesse de todos. Afinal, uma boa quantidade de dinheiro estava em jogo, além do emprego de diversas pessoas. Nick Gatfield, o presidente da Sony Music UK, deixou claro: "O que você pode não saber sobre o One Direction é que eles já representam um negócio de 50 milhões de libras", revelou ele à *Music Week*. "E esperamos dobrar esta soma no ano que vem. A equipe deles, que inclui músicos, estilistas, produtores, gerentes de turnê etc., gira em torno de 90 pessoas. São 90 empregos criados por esses cinco garotos."

Era muita pressão, e os próprios garotos sabiam o que estava em jogo: "Vamos tentar lançar [o segundo álbum] logo", adiantou Niall em uma entrevista a Ryan Seacrest. "Estamos trabalhando nele agora mesmo, gravando o que podemos e compondo na estrada. Com sorte, devemos terminar até o natal." A gravadora certamente ficou feliz de ver a banda promover o álbum com tanta antecedência e pagaram uma viagem à Suécia para os garotos conversarem com compositores e produtores e começarem as gravações.

Com tantas preocupações na cabeça, às vezes era um alívio se concentrar no lado mais leve da vida. Harry sempre foi conhecido por ser surpreendentemente caseiro, como explicou em uma entrevista ao *Daily Star*: "Desde pequeno, adoro limpar a casa. Acho muito relaxante, me acalma. Até assisto a todos os programas de TV sobre o assunto para pegar umas dicas e tal. Sei que parece estranho, e os outros meninos da banda me sacaneiam muito por isso, mas eu realmente gosto de fazer faxina, o que posso fazer? Se eu fizer sujeira sei que minha mãe vai me matar. Fico feliz em ajudar no que puder, seja levando o lixo para fora ou limpando a cozinha ou o banheiro. Eu faço um molho carbonara sensacional. As pessoas sempre elogiam meu talento culinário. Provavelmente ninguém imaginaria que eu seria bom nisso, mas curto bastante."

Era uma combinação incomum: astro do pop mundialmente famoso e pegador que também gosta de fazer uma boa faxina na casa antes de preparar o jantar, mas Harry tinha uma personalidade forte e encarava tudo isso com desenvoltura. Esta personalidade reforçava a especulação de que ele poderia cair na tentação da carreira solo: havia boatos de que ele tinha sido sondado por algumas grandes empresas para fazer anúncios sozinho, mas esta teria sido uma estratégia de altíssimo risco àquela altura. Robbie Williams até teve uma carreira solo de sucesso depois do Take That, mas Geri Halliwell não foi tão bem depois de sair das Spice Girls. Ainda era cedo para saber se o One Direction buscava uma carreira de longo prazo como grupo, e correr o risco de afastar os outros fazendo algo que daria destaque a Harry não faria sentido. Além do mais, estar em uma banda ajuda a desviar ao menos um pouco da pressão. O fardo cai em cinco pares de ombros em vez de apenas um, e o mesmo vale para a experiência vivida. Tudo ia muito bem do jeito que estava.

Boa parte dos artistas de sucesso geralmente sente que precisam retribuir com algo para a sociedade, e o One Direction não é exceção. Em maio, eles arranjaram tempo em sua apertadíssima agenda para conhecer Niamh Power, de 8 anos, que tinha um tumor cerebral. Ela chorou de felicidade quando a organização de caridade Rays of Sunshine levou os garotos até o quarto no Hotel Millennium, em Londres. A menina posou para fotos com todos e ficou especialmente feliz ao ganhar um abraço e um beijo de Harry. "Ela disse que nunca mais vai lavar aquela bochecha", contou a mãe, Marie.

Além das boas ações e da carreira, a vida amorosa de Harry, como sempre, gerava intensa especulação. Os boatos de um namoro com Emily Atack, de 22 anos, intérprete da personagem Charlotte Hinchcliffe da série *The Inbetweeners*, surgiram após um tuíte escrito por ela há dois anos: "Harry do One Direction precisa MESMO ter 16 anos? Vamos fingir que ele tem pelo menos 18!

Aí só haveria uma direção para a qual ele iria... o quarto!" Amigos disseram que o músico também tinha uma queda pela atriz, mas havia problemas para o relacionamento: o One Direction começava os preparativos para outra turnê mundial, agora em locais maiores, enquanto Emily corria atrás de uma carreira cinematográfica.

Mesmo assim, os amigos esperavam que o rolo se tornasse algo mais. "Eles são perfeitos um para o outro, sem dúvida", disse um dos confidentes de Harry ao *Sunday Mirror*. "Os dois estão se conhecendo e sendo discretos, mas estão bem próximos. Harry sempre teve uma queda por Emily, ele queria conquistá-la e acabou acontecendo."

Mas não por muito tempo, pois o momento definitivamente não era o ideal. No final de maio, os garotos voltaram aos Estados Unidos assim que foi anunciado que "What Makes You Beautiful" tinha vendido mais de duas milhões de cópias digitais por lá — outro marco do qual eles poderiam se orgulhar. Foi Louis quem deixou escapar ao *Daily Mirror* que Harry estava solteiro de novo. Ao ser perguntado se o colega continuava namorando Emily, Louis respondeu: "Não, não..." E quando o assunto mudou para quem teve mais sorte com as garotas na recente turnê pelos Estados Unidos, Austrália e Ásia, ele respondeu: "Preciso mesmo dizer? Acho que é completamente horrível falar assim, mas, se você quer colocar nesses termos, seria possivelmente... Harry. Se a gente faz uma contagem de quem pega mais meninas? De jeito nenhum! Isso seria horrível."

Apesar de o One Direction ter saído por cima da briga com o grupo The Wanted, Louis não resistiu à oportunidade de dar uma alfinetada: "Acho que esse negócio de existir uma rivalidade imensa só porque somos duas boy bands foi exagerado. Mas esperamos que eles ainda se deem bem com a gente. Afinal, há uma vaga na turnê e eles podem se tornar nossa banda de abertura. Eu poderia dizer algo grosseiro ou com conotação sexual aqui, mas isso é algo que o The Wanted faria." Não podemos realmente condená-lo, pois foi o The Wanted que começou a briga.

Algumas pessoas na indústria fonográfica temiam que os empresários do One Direction faziam os meninos trabalharem demais para capitalizar em cima do sucesso deles. "Nunca vi uma banda anunciar uma segunda turnê de verão antes de a primeira acabar. É uma loucura. Estão fazendo os garotos trabalharem como uns condenados e só ficam contando o dinheiro", reclamou Andy Greene, editor-associado da revista *Rolling Stone*.

No entanto, os próprios integrantes da banda também queriam capitalizar em cima do que haviam construído até então. Além do mais, eles ainda eram jovens e tinham muita disposição. A turnê mundial de 2013 fora anunciada: muitos dos 94 shows já estavam com os ingressos esgotados e foi preciso acrescentar 25 apresentações em vinte cidades norte-americanas. Os preços também aumentaram, com alguns ingressos chegando a custar duzentas libras — o que os colocava no mesmo nível dos Rolling Stones. Também havia as participações especiais e sessões de gravação, além de uma série de contratos assinados com empresas como Nintendo, Nokia, HarperCollins e Hasbro. Eles estavam aceitando tudo sem problemas.

Os únicos problemas aconteciam quando as fãs se empolgavam demais. Enquanto estavam em Nova York, durante um raro dia de folga, Liam e Niall saíram com apenas um segurança e foram instantaneamente atacados por sessenta garotas que os esperavam do lado de fora. A situação ficou feia: empurraram Liam e acertaram Niall no rosto por acidente. Depois, a camiseta de Liam foi rasgada e tufos do cabelo de Niall foram arrancados. O segurança fez de tudo para proteger os garotos e até a polícia foi chamada, mas imagens feitas por quem estava presente mostraram que a situação ficou rapidamente fora do controle. A polícia e o segurança começavam a pedir às garotas para se afastar, mas elas não obedeciam: "Não vou sair! Me sinto muito mal por fazer isso, mas eu te amo, Niall!"

No geral, os rapazes sabiam da sorte que tinham, sempre falavam bem das fãs e raramente reclamavam de alguma coisa, mas aquilo foi demais. Os dois recorreram ao Twitter: "Não foi nem um pouco engraçado", desabafou Liam. Niall sentia o mesmo: "Foi uma verdadeira piada de mau gosto." E ainda tuítou: "Ridículo. É meu dia de folga. Quero relaxar." Uma situação como aquela poderia ter se transformado em algo muito pior. Os dois saíram abalados e a banda foi obrigada a aumentar a segurança novamente.

Harry não estava presente quando aconteceu, mas sabia muito bem que a vida deles tinha mudado e que não seriam mais tão livres quanto antes. Contudo, todos estavam bastante cientes de terem recebido o tipo de oportunidade que a maioria das pessoas nem poderia sonhar. Eles precisariam aceitar a necessidade de ter mais seguranças e de não poderem mais sair sozinhos.

Harry continuou bem-humorado como sempre, dando uma entrevista a Nick Grimshaw, da Radio 1, que resvalou facilmente para o surrealismo: "Quero raspar a cabeça. E uso meia-calça 7/8. Todo mundo fica me dizendo para não fazer isso, mas acredito que minha popularidade está no meu rosto e não no meu cabelo. Acho que seria legal. Eu estava lendo uma revista que falava sobre homens que usam meias-calças. É bastante confortável, eu venho usando-as por baixo da calça jeans. Então, eu queria saber se você poderia me arrumar algumas. É que estou roubando as da minha irmã. O negócio é que eu não sei se estou pronto para usá-las em público. Talvez eu deva mantê-las escondidas por algum tempo. Você sabe se existem meias-calças douradas?"

Era brincadeira, é claro; afinal, todos eles precisavam aliviar o estresse. O grupo ainda fez piada sobre filmar uma versão de *Romeu e Julieta* em que Niall faria o papel de Julieta — ele disse que estaria preparado para fazer isso pelo bem da banda. Contudo, os meninos também falaram seriamente sobre estrelar um filme, como os Beatles fizeram tantas vezes há algumas décadas. Na verdade, eles já tinham começado as filmagens de um documentário, bem como a gravação de um show em 3D e mencionaram até um desenho animado com eles. Enquanto isso, o DVD ao vivo do grupo, *Up All Night:*

The Live Tour, vendeu 76 mil cópias, fazendo do One Direction o primeiro grupo nos Estados Unidos a superar as vendas do álbum em primeiro lugar com um DVD de música.

Outra desvantagem da fama é que o passado sempre vem à tona: todos os garotos tinham fotos vergonhosas há muito esquecidas em sites como Bebo e MySpace. Niall e Louis — que estavam sem camisa em várias imagens —, foram os que mais se sentiram constrangidos, enquanto as fotos dos outros rapazes foram encaradas como travessuras juvenis.

Já estava claro, a essa altura, que não eram apenas as garotas jovens que se interessavam por eles. O One Direction já tinha mencionado o desejo de ter mais fãs do sexo masculino, porém, na verdade, eles precisavam mesmo era tomar cuidado com as mães das garotas, que talvez tivessem esperanças devido ao caso de Harry com Caroline. "Eventualmente, as fãs ficam muito explícitas, e algumas mães dão em cima da gente", confidenciou Harry ao *Daily Star*. Louis acrescentou: "Pergunte a Harry, elas vão com tudo. Agarram e beliscam mesmo. Às vezes, fica meio complicado."

De fato, a atenção de todos estava prestes a se voltar para a vida amorosa de Harry e, mais uma vez, pelos motivos errados. Descobriram que Caroline Flack não foi a única mulher mais velha a ter chamado a atenção dele, e o próximo nome a ser citado causaria ainda mais polêmica. Era impossível evitar: Harry gostava de mulheres mais velhas e elas gostavam dele. A beleza e o charme do rapaz derrubavam as candidatas como pinos de boliche, uma a uma.

Por um momento, contudo, a atenção foi temporariamente desviada para alguém bem diferente: Justin Bieber. Longe de ver os colegas britânicos como ameaças, o conquistador de corações canadense sempre se deu muito bem com os meninos e era só elogios para o One Direction. Agora surgia a possibilidade de eles trabalharem juntos. Seria o sonho dos marqueteiros.

"Os caras do One Direction são ótimos", contou ele ao *Daily Mirror*. "Nós nos divertimos muito sempre que saímos juntos. Eles foram até minha casa e ficamos de bobeira na piscina, ouvindo música. Falamos sobre uma participação minha em uma música do próximo álbum deles, vai ser ótimo. Perguntei com quem mais eles gostariam de trabalhar. Eles citaram Rihanna, Katy Perry, Taylor Swift e Jennifer Lopez. Olha só, não me entendam mal, são todas artistas muito talentosas, mas parece que há um padrão aí. E quando vi o sorriso no rosto deles, acho que não estavam pensando apenas na música..."

Acertou na mosca. Justin, que também era bastante popular com as meninas, sabia muito bem como era ser o centro das atenções femininas: "Claro que eles ficam de olho nas mulheres, mas — e talvez isso seja até bom para eles — as garotas também ficam de olho neles. Pelo que ouvi falar, não seria muito difícil convencer Rihanna, Katy ou Taylor a trabalhar com eles... se é que você me entende. O bom é que o One Direction pode ser a maior banda do mundo, mas seus integrantes continuam sendo caras comuns, divertidos. Não os vejo mudando. Eles são muito pé no chão e se ajudam bastante." Foi um belo elogio vindo de alguém que obviamente também precisava lidar com a fama.

O sucesso dos garotos ia de vento em popa, mesmo com Harry prestes a enfrentar notícias ainda mais chocantes sobre sua vida amorosa. Tudo isso parecia apenas aumentar a fama dele e o interesse na banda como um todo — além de deixar claro que Harry era o principal pegador de sua geração.

10 NEGÓCIO ARRISCADO

O local era a estação de rádio Key 103, de Manchester. A época: agosto de 2011. O One Direction já tinha conquistado a fama, mas ainda estava no início da carreira, promovendo seu single de estreia, "What Makes You Beautiful", no programa *In: Demand* com a DJ Lucy Horobin. Na época, ela tinha 32 anos e Harry, 17. A química entre os dois era inegável:

— Estou aqui com os cinco garotos mais simpáticos e bonitos do mundo. One Direction, vocês são todos meus essa noite — começou Lucy.

— Você está linda hoje — elogiou Harry.

— Obrigada, você também — respondeu Lucy.

E, assim, as brincadeiras continuaram. Harry e os garotos sugeriram que Lucy poderia ir morar com eles:

Você pode cozinhar para nós — convidou Harry.

Lucy concordou.

— Que mulher! — empolgou-se Harry.

Como era o aniversário de 18 anos de Niall, Lucy presenteou o grupo com um bolo, docinhos e cornetas.

— Harry, vira essa corneta pra lá — ordenou ela.

— Uau! Gostei disso. Adoro o *In: Demand*! Adoro o *In: Demand*! — respondeu o rapaz.

Quando eles cantaram "What Makes You Beautiful", Harry foi visto olhando intensamente para Lucy enquanto sussurrava "eu te amo". Pouco depois deste encontro, os dois foram vistos em um hotel de Manchester. Harry tinha conseguido de novo.

Na verdade, aquela não era a primeira vez que eles se viram: houve um encontro na rádio um mês antes, depois do qual eles mantiveram contato através do Twitter e do Facebook. Isso foi antes de Harry conhecer Caroline Flack e de sua reputação de preferir mulheres mais velhas vir à tona. Mas havia outro problema, bem pior que a diferença de idade: Lucy era casada. A cerimônia tinha acontecido um ano antes, mas ela e o marido, Oliver Pope, estavam passando por um momento difícil e tinham meio que se separado, embora ainda vivessem na mesma casa. Também não está claro se Harry sabia que Lucy era casada, mas, quando detalhes do relacionamento surgiram um ano depois, houve um alvoroço. Outra mulher mais velha e, ainda por cima, casada. O que viria a seguir?

Os dois inegavelmente se deram bem. "Lucy faz bem o estilo dele, exatamente o tipo de garota, quer dizer, de mulher que o atrai", disse um amigo de Harry ao *Sunday Mirror*. "Ela é sexy, confiante e bem-sucedida, mas ele nunca quis nada sério. É jovem demais para isso e, quando conheceu Lucy, a banda estava começando a estourar. Harry sabia que ela também não queria nada sério, então achou que seria uma diversão inofensiva."

Inofensiva, talvez, não fosse o fato de ela ser casada. Lucy sabia que o marido não ficaria feliz com a notícia e fez questão de se manter discreta, mas uma amiga revelou que, embora ela também visse aquilo como apenas um caso, Lucy ficou bem empolgada com Harry. "Ela sabe que não deveria admitir, mas confessou que o sexo era incrível", contou uma amiga da moça ao *Sunday Mirror*. "Ele sabia exatamente o que estava fazendo, apesar de ter apenas 17 anos. Harry é adorável e Lucy se divertiu muito, mas aquilo nunca viraria algo sério. Era um erro, afinal. Ela ama o marido e quer ficar com ele.

Lucy é ótima, mas se deixou levar pela empolgação com o rapaz. Ela estava tendo dificuldades no casamento e acabou rolando. Ela sabe que vai ser odiada por isso, especialmente por ser um garoto tão famoso, mas a vida nem sempre é certinha. Todos nós cometemos erros, mas precisamos aprender com eles."

E esta lição acabou se tornando bastante pública, como tudo o que envolvia o One Direction naquela época. O caso acabou durando três meses e só terminou quando Harry conheceu Caroline. Assim que a situação veio a público, inevitavelmente os trolls da internet vieram com tudo, insultando e agredindo Lucy como fizeram com todas as outras paixões de Harry. E, assim como elas, Lucy ficou surpresa e postou uma carinha triste no Twitter. No entanto, o furor só aumentou. Lucy não apareceu para trabalhar no dia seguinte na Heart South Coast FM e o apresentador Jason King não foi muito educado ao explicar a ausência da colega: "No fim de semana, vocês podem ter lido algo bastante chocante nos jornais. Gostaria de confirmar que os boatos são verdadeiros e que Lucy resolveu tirar um dia de folga para ler *Cinquenta tons de cinza* e nos contar tudo amanhã."

Todos esses problemas podem ter levado Harry a ter um comportamento um tanto ousado em um show em Houston, no estado do Texas: ele e Niall aproximaram os rostos, dando a entender que estavam prestes a se beijar na boca. Não chegaram a tanto, mas era tarde demais para desviar a atenção do fato de Harry preferir as moças. Independente disso, ele não se mostrou arrependido. Perguntado pelo *Daily Star* se havia limite de idade para suas namoradas, ele respondeu: "Até a idade da minha mãe, que tem 44 anos!"

Harry também fez questão de falar sobre seus relacionamentos anteriores. "Uma vez, falei para alguém que era gay. E saí com uma garota tão tímida que ela mal abria a boca. Eu dizia: 'O que você tem feito?', e ela: 'Nada.' Isso acabava com a conversa." E revelou também qual foi seu pior beijo: "Cortaram meu lábio uma vez. Ela veio rápido demais, o lábio bateu no meu dente e começou a sangrar. Saiu sangue à beça."

As fãs não pareceram se importar. Em certos shows, elas atiravam calcinhas para Harry e os outros integrantes do One Direction sem constrangimento algum, o que lembrava o ocorrido com outro grande símbolo sexual: Tom Jones. Porém, elas passaram a jogar também iPhones e chaves, sem perceber que poderiam ferir seus ídolos. Os amigos de Harry não perdiam a oportunidade de brincar com isso: "Justin ficou muito amigo deles e sabemos que algumas belas meninas da indústria têm uma queda por Harry", contou Selena Gomez ao *Daily Mirror*. "Ele provavelmente poderia escolher entre as garotas mais lindas de Hollywood, mas pelo que Justin me fala, ele não está de olho nas meninas mais novas. Nem dá para culpá-lo quando você vê a aparência de mulheres como Cameron Diaz, Eva Longoria e Sofia Vergara. Tanto eu quanto Justin ainda temos mães bem gatas, e Justin falou: 'Harry pode ser um dos meus melhores amigos, mas com o histórico dele é melhor deixá-lo longe das nossas mães.'"

Enquanto isso, Lucy foi obrigada a fechar sua conta no Twitter — algo que aconteceu com várias namoradas de Harry —, e seu marido achou que era hora de contar sua versão da história. Lucy já tinha confessado para ele, então não foi exatamente um choque, mas Oliver também não ficou muito feliz com o que aconteceu. Um amigo dele contou tudo ao *Sunday Mirror:* "Oliver ficou arrasado. Ele pensou: 'Harry Styles? Aquele babaquinha que está com Caroline Flack?' Ela assentiu e admitiu que aconteceu duas vezes. Ele não sabia o que dizer, não tinha palavras. E continuou: 'Fiquei indignado. A dor era inimaginável. Não só minha esposa estava me falando que dormira com outra pessoa, como disse que era com ele, Harry Styles. Eu estava arrasado. Senti todas as emoções... Ódio, tristeza, decepção. Aquele garoto é um predador. Desde que o caso com Lucy foi revelado, ele foi saudado como herói, um rapaz inocente que, por acaso, gosta de mulheres mais velhas. Os adolescentes se inspiram nele. As adolescentes querem ficar com ele.'"

"Para Oliver, Harry é só um moleque rico e mimado que faz o que quer, quando quer — independente das consequências. Só porque ele é jovem, não significa que seja uma vítima inocente, caçado por mulheres mais velhas. Aos olhos dele, as mulheres é que precisam ter cuidado — enquanto os homens têm de ficar atentos. Foi Harry quem pediu o telefone de Lucy. Ela estava mal com a crise no casamento, então pareceu divertido. Ele correu atrás e tomou a iniciativa, flertando por SMS e no Twitter. Depois de toda essa paquera, os dois acabaram se encontrando em um hotel. Aquilo foi o assunto na estação de rádio. Inicialmente Oliver culpou Lucy. Afinal, quem não culparia? Ele inclusive ameaçou se divorciar, mas depois se acalmou e mudou de ideia. Lucy também se recusou a desistir do casamento. Primeiro, Ollie achou difícil perdoar, mas ficou surpreso com o desespero dela."

O casamento de Lucy e Oliver parece ter sobrevivido e o casal aparenta ter saído de tudo isso mais forte do que nunca, mas ficou claro que Harry não era tão inocente quanto parecia.

Sem querer ficar para trás, o *Daily Mirror* descobriu outro amigo que relatou como Lucy contou a Oliver sobre o caso: "Oliver lembra claramente do momento em que Lucy se sentou com ele e contou o que aconteceu. Eles estavam na casa deles, em Manchester, mas praticamente tinham vidas separadas. Eles chegaram a um impasse no casamento, e por isso Lucy sucumbiu ao charme de Harry. Quando ela percebeu o que realmente queria, revelou tudo ao Oliver. Ela não deu todos os detalhes do relacionamento, mas também não escondeu os detalhes. Foi de partir o coração."

A confissão se deu em novembro de 2011, quando Harry estava saindo com Caroline. Oliver achou bastante difícil lidar com a traição no começo. "Quando descobriu o caso, ele não conseguia ver TV se Harry aparecesse nela", disse o amigo. "Não conseguia ouvir a voz dele no rádio e certamente não queria ver o rosto dele nos jornais. Na época, foi muito difícil, porque o One Direction estava em todos os lugares." Parecia um episódio que todos os envolvidos queriam esquecer.

O próprio Harry preferiu a discrição. A essa altura, ele e o restante da banda ainda estavam nos Estados Unidos, na cidade de Fort Lauderdale, e Harry sabiamente escolheu não fazer nenhum comentário. Quando a banda voltou ao Reino Unido pouco tempo depois, algumas manchetes bastante previsíveis diziam coisas do tipo "escondam suas mães" e várias opiniões sobre quem teria errado mais no caso. Levando tudo em consideração, Harry saiu basicamente sem prejuízos e não tinha sido rotulado como um destruidor de lares. Enquanto isso, ele foi visto na companhia de um corretor em busca de propriedades na exclusiva região de Primrose Hill, em Londres. Harry estava ganhando muito dinheiro e queria gastá-lo bem.

Também havia boatos de que ele estaria saindo com uma nova mulher: a estrela de *Made in Chelsea*, Caggie Dunlop, 23 anos, que também escrevia sobre sexo para um jornal de grande circulação. Os dois foram vistos saindo juntos de uma boate, embora na verdade não fosse nada sério. Enquanto isso, seus colegas de banda fizeram a previsão altamente improvável de que Harry acabaria sozinho. "Ele é um verdadeiro cupido", disse Liam. "Foi ele quem armou tudo para eu conhecer minha namorada. E também com Louis Tomlinson e Eleanor Calder. Harry é como Hitch, daquele filme *Hitch — Conselheiro amoroso*: faz isso para todo mundo, menos para si mesmo. Vai acabar virando um velho solitário."

É, até parece. O charme de Harry era tanto que funcionava em todas as faixas etárias. Aliás, considerando a quantidade de mulheres mais velhas que admitia ter uma queda por ele, Harry não ficaria sequer um minuto sozinho se assim desejasse. Os integrantes do One Direction eram cercados por uma multidão em todos os lugares que iam — especialmente Harry —, e este surto de revelações recentes não prejudicou em nada a popularidade dele. Pode até ter aumentado ao rotulá-lo como uma espécie de bad boy. Com exceção de um marido furioso, ninguém nunca culpava Harry, somente as mulheres levavam a culpa — e isso o deixava mais desejável do que nunca. Ele não imitava o comportamento de astros do pop de décadas atrás, que preferiam garotas muito mais novas: todas as namoradas dele estavam muito além da maioridade. Isso não o deixava mal com a geração anterior, muito pelo contrário: as mulheres mais velhas adoravam o fato de um rapaz jovem e bonito como Harry se interessar por elas. Não que ele estivesse interessado em toda mulher mais velha, é claro. As que ele escolhia costumavam se destacar por serem incrivelmente atraentes. No entanto, era reconfortante para muitas mulheres sentir que um símbolo sexual adolescente corria atrás de mulheres da mesma idade delas.

A cantora Pink certamente pensava assim. "É engraçado acompanhar o fenômeno One Direction e Harry Styles", contou ela ao *Sun*. "Aparentemente ele 'ama' uma coroa — que, na verdade, é uma mulher de 32 anos. Eu atendo a esse requisito. Quer dizer, eu mesma ainda me sinto muito como um garoto de 17 anos. Não sei se algum dia vou me sentir de outro jeito." Ela certamente não era única a ter esta sensação.

O One Direction tinha acabado de entrar na indústria musical e, ainda assim, o sucesso do grupo era tão grande que eles pareciam estar no mercado há anos. O fato de terem entrado na aristocracia do show business ficou evidente quando foram anunciados os artistas que se apresentariam na cerimônia de encerramento dos Jogos Olímpicos de Londres. Take That, Annie Lennox, George Michael, Pet Shop Boys, Madness e Brian May e Roger Taylor (guitarrista e baterista do Queen, respectivamente) tocariam no evento, bem como o One Direction, os astros mais jovens da noite, que rapidamente ficaram tão famosos quanto eles. Como isso aconteceu? Como a banda criada no *X Factor* chegara tão longe em tão pouco tempo? E, embora a responsabilidade de encerrar a festa fosse de Sir Paul McCartney, algumas pessoas, como o astro do Spandau Ballet, Tony Hadley, achavam que o One Direction deveria ter essa honra: "Eles são nosso maior produto de exportação no momento, puro pop", contou ele à Absolute Radio. "O One Direction com a Orquestra Filarmônica Real e um coral de cem vozes. Para mim, teria sido o show perfeito para a nova geração."

Harry certamente estava descobrindo que não era possível "desligar" a fama. Durante uma visita aos pais, ele teve o Range Rover cercado por fãs. Inicialmente, Harry ficou feliz em sair e dar autógrafos, mas, quando tentou voltar para casa, a multidão não se mexeu e ele foi obrigado a deixar o carro na casa de um vizinho e continuar a pé. Os fãs o perseguiram e Harry acabou tendo que entrar em um Mini para encontrar seus amigos. Ele não ficou muito feliz com isso, mas é o preço de ser famoso.

A fascinação com a vida amorosa de Harry Styles só aumentava. Desta vez, ele foi associado à cantora canadense Alyssa Reid, a quem conheceu durante um show na Echo Arena, em Liverpool. Os camarins deles ficavam um em frente ao outro, e Alyssa foi vista entrando para dar um "oi" aos garotos e saindo com um pedaço de papel com um número de telefone na mão. De quem era? Ela não contou. "Sim, eu bati um papo com os meninos... E posso ter ou não conseguido um número de telefone", disse ela ao *Mirror* sem saber o que as trolls da internet tinham em mente para uma garota que mencionasse ter conhecido Harry. "Mas não sou de contar o que faço, então não vou falar nada. Só que eu nunca ficaria com um homem comprometido, então é um dos solteiros." Portanto, poderia ser Harry ou Niall. Alyssa imediatamente começou a seguir Harry no Twitter, antes de acrescentar: "Vamos fazer outro show amanhã, então talvez eu chegue nele. Eu não deveria contar, mas adoraria cozinhar para ele: peito de frango recheado com aspargos e molho holandês. Este é o jeito de conquistar um homem."

A vida profissional continuava, com todos os percalços. Os cinco garotos serviram bebida e comida em um voo da British Airways a fim de arrecadar fundos para o Comic Relief: oito fãs ganharam passagens para o voo de Londres a Manchester (que recebeu o número BA1D). A viagem aconteceu sem incidentes, badernas ou multidões, para alívio de todos a bordo.

A última pessoa a se declarar interessada em Harry foi a modelo Kate Upton, dizendo que Harry era o mais bonito de todos os integrantes do One Direction. Quem seria a próxima? As especulações corriam soltas até Harry ser visto saindo de uma boate com outra modelo, Cara Delevingne, de 19 anos. Depois, eles foram fotografados na exclusiva boate Omega House, no West End londrino. É preciso elogiar a energia do rapaz. Já era difícil acompanhar a vida amorosa de Harry, que dirá vivê-la.

O jeito tranquilo era uma das características do charme de Harry. Ele não escondia que gostava de passar boa parte do tempo nu — porém, quando sugeriram que os garotos posassem sem roupa, ele subitamente ficou tímido. Uma testemunha desse gosto peculiar de Harry é o cantor Ed Sheeran, que certa vez pegou carona na van dos meninos. "Eu virei para trás e Harry tinha tirado a roupa e ficava lá sentado, rindo", contou ele ao *Daily Mirror*. "Eu estava olhando pela janela, vendo os carros passarem. Aí olho para trás, vejo todos os garotos meio chocados e ele lá, rindo, totalmente pelado." Os garotos podem ter se espantado, mas estavam ficando acostumados com isso: há várias historias sobre Harry nadando sem roupa e ficando pelado em quartos de hotéis. O impressionante é ele nunca ter sido flagrado pelas câmeras da forma que veio ao mundo.

Os rumores continuavam a girar em torno de Cara e eles formavam um belo casal. Cara é uma das modelos de maior sucesso no momento. Segundo sua agente Sarah Doukas, "ela tem um rosto lindo e uma personalidade envolvente, exatamente como sua irmã mais velha, Poppy. É adorável e muito talentosa. Tem a capacidade de aumentar a energia em uma sala cheia de gente e fazer as pessoas perguntarem: 'Quem é essa garota?'" Cara também era extremamente bem-sucedida, tendo trabalhado com nomes como Karl Lagerfeld, além de ser o rosto da Burberry e, surpreendentemente, tinha quase a mesma idade de Harry. Como não gostar? Enquanto isso, a notícia de que Lucy Horobin e o marido estavam se divorciando veio a público. Embora o nome de Harry tenha sido citado, já se passara tempo suficiente para que ele não fosse diretamente responsabilizado pela separação. E também ajudou o fato de ele estar andando com garotas mais perto da idade dele nessa época.

Com tudo isso acontecendo, era fácil esquecer que os garotos estavam lá para apenas uma coisa: cantar. Os executivos que gerenciavam a banda podem ser desculpados por estarem tão emocionados quanto as fãs, pois os números nos bastidores eram extraordinários. Em menos de um ano, o One Direction conseguiu vender a quantidade impressionante de 12 milhões de singles, álbuns, DVDs e blu-rays por todo o mundo. Os números diziam respeito a 8 milhões de singles, 3 milhões de álbuns e 1 milhão de DVDs e blu-rays. Além disso, de acordo com a Official Charts Company, isso englobava 1,17 milhão de singles do One Direction, 660 mil cópias do álbum *Up All Night* e 61 mil cópias dos DVDs e blu-rays *Up All Night — The Live Tour*. Só "What Makes You Beautiful" vendeu quase 700 mil cópias, enquanto "One Thing" ficou em segundo lugar, com mais de 154 mil cópias.

Com vendas desse porte, as gravadoras estavam levando os garotos muito a sério. Quaisquer temores que eles poderiam estar trabalhando demais eram deixados de lado, pois obviamente as gravadoras não queriam matar a galinha que estava botando tantos ovos de ouro. Nunca houve uma história de sucesso em reality shows como esta. Nem mesmo a magnífica Susan Boyle conseguiu chegar tão longe. Nunca o julgamento de Simon Cowell foi tão certeiro, e era extraordinário o fato de um reality show ser o responsável pela formação do grupo. O sucesso deles nos Estados Unidos era apenas a cereja do bolo, e a essa altura já se esperava que eles fossem ainda mais longe. O blogueiro da indústria do entretenimento Perez Hilton fez previsões terríveis de que um dia o grupo se separaria, como de fato foi o destino de muitas boy bands, mas por que eles fariam isto agora? Os meninos não são bobos. Eles tinham consciência de que receberam uma oportunidade extraordinária e não queriam estragar tudo agora.

E os benefícios de ser um astro pop? Bom, mesmo que Harry não fosse famoso, ele certamente não teria problema algum para atrair mulheres, pois era charmoso, atraente e tinha aquele ar indefinível que é um verdadeiro ímã para o sexo oposto. Agora, porém, ele estava andando com modelos e atrizes lindas, bastante conhecidas e algumas das mulheres mais desejadas do mundo. Ele sabia disso e adorava falar sobre paquerar, correr atrás das moças e exatamente o que ele procurava em uma garota.

"A parte divertida é ir atrás, então, se você falar comigo, precisa se fazer de difícil", contou ele à revista do

Top of the Pops. "Acho atraente quando alguém diz não. Você não quer ouvir um sim logo de cara, não é? Acho que você precisa ser um cara legal para ser um bom paquerador. E eu não me acho muito legal."

Ele até pode não achar, mas milhões de fãs discordam. De jovem de Cheshire a astro internacional, Harry agora era uma das pessoas de maior sucesso e mais desejadas do planeta. Ele e seus colegas de banda (que também contavam com várias admiradoras) mal podiam acreditar na sorte que tiveram. De alguma forma, porém, Harry mantinha os pés no chão e conseguia lidar bem com o sucesso. O que poderia ter sido fatal a esta altura seria deixar que isso lhe subisse à cabeça e começar a agir como um músico arrogante, ignorando que o One Direction era uma equipe unida. Ele e os colegas não fizeram isso. Os integrantes da banda precisavam um dos outros.

E, assim, um dos artistas pop britânicos de maior sucesso na história recente começou a olhar para o futuro e planejar. O ataque aos Estados Unidos tinha apenas começado e havia muito mais a se conquistar naquele país. Havia cerimônias de entrega de prêmios para ir, músicas a serem gravadas, garotas para conhecer, lugares para frequentar, pessoas para conhecer... Não faltavam projetos para Harry e os meninos. Eles estavam vivendo uma existência dourada: ainda jovens, mas com riqueza, fama e a perspectiva de ter ainda mais pela frente. Os garotos também saíam com seus colegas do show business: em agosto, tinham conseguido passar uma noite bebendo com Tulisa e ainda apreciavam tudo isso. Mesmo que a atenção recebida por eles pudesse ser um pouco difícil de lidar, todos eram sensatos o bastante para saber que a vida deles tinha se tornado extraordinária.

11 COLHENDO A RECOMPENSA

Seria possível o One Direction ficar ainda mais famoso? A estrela deles certamente estava mais alta do que nunca. Em agosto de 2012, enquanto iam à estreia de um filme, os garotos esbarraram na ex-mentora Nicole Scherzinger. Quando eles se conheceram no *X Factor*, a integrante do Pussycat Dolls era uma grande estrela e o One Direction teve sorte por ela se interessar neles. Em menos de dois anos, os papeis se inverteram. "Foi bastante esquisito", disse ela ao *Sun*. "Fui à estreia do filme *Homens de preto* e eles praticamente roubaram a cena. Fiquei tipo: 'Com licença, eu estou no filme, abram caminho, obrigada.' Precisei lembrá-los disso." O fato de os cinco serem grandes astros era incontestável.

Harry estava amando cada momento disso, falando de compras "com os amigos" na famosa loja de departamentos Liberty's, de Londres, flertando com fãs (e praticamente todo mundo que estava no caminho) e colhendo as recompensas dos últimos anos. Houve especulações de que ele estaria começando a formar um portfólio de propriedades e uma impressionante coleção de carros — sem contar a quantidade notável de namoradas. E a mídia se divertiu muito quando tentou associar Harry e seu gosto por mulheres mais velhas a *Cinquenta tons de cinza*, o romance erótico de E. L. James, que tinha certo apelo entre mulheres de meia-idade. O fato de um integrante adolescente de uma boy band dar chance a uma mulher mais madura já era estranho, mas nada em relação a Harry e ao One Direction se encaixava no padrão.

As meninas mais jovens continuavam a adorá-los. O One Direction se apresentou no V Festival e, inicialmente, socializou com todos no VIP Louder Lounge, mas foram cercados por tantas pessoas que foram obrigados a se retirar para os bastidores. Apenas Liam se manteve no local, mas ele estava com a namorada, o que presumivelmente lhe dava alguma proteção. "Sim, fomos um pouco atacados pelas garotas", disse ele alegremente. "Os outros foram embora."

Outra pessoa cuja vida deu uma guinada ao longo do último ano foi Caroline Flack. Ela foi obrigada a se mudar para outro apartamento, pois o antigo era voltado para a rua, o que significava dar de cara com um batalhão de repórteres sempre que saía pela porta da frente. Houve boatos de que ela teria retomado o contato com Harry, mas Caroline se recusou a confirmar ou negar. O que ocorreu de concreto foi sua volta ao Twitter, quando as agressões pararam. No geral, foi uma experiência totalmente estranha.

"Vou viver minha vida do jeito que eu quiser", disse ela ao *Sun*, em uma entrevista desafiadora em que analisava o ano anterior. "E nunca vou julgar os outros por viverem a vida como bem entenderem. A última coisa que vou fazer é viver de acordo com os outros. E não vou sair do Twitter. Eu me divirto muito por lá. Uso para dar risadas e tenho as seguidoras mais fofas do mundo. Muitas são fãs do One Direction. Então, nem todas as fãs do One Direction fizeram, você sabe... É só uma minoria."

Na verdade, Caroline já conseguia rir da história toda. "O melhor tuíte que recebi dizia: 'Vá se ferrar, não acredito que você está saindo com meu namorado. Espero que você seja comida por um elefante furioso.' Um elefante furioso? É preciso entender que essas pessoas estão na frente do computador e, provavelmente, não pensam que você vai ver as mensagens. Só acho que ninguém mereça ser atacado desse jeito. Não é legal."

Zayn certamente concordaria, pois, enquanto Caroline afirmou estar perfeitamente feliz em continuar no Twitter, ele decidiu fechar sua conta no site por estar cansado das agressões. Ele tinha cerca de 5 milhões de seguidores. As fãs não gostaram e, mais uma vez, uma minoria prejudicou todo mundo. Mas a decisão não durou muito. Um dia depois, Zayn retornou à rede social. Nesse meio tempo, as fãs voltaram sua atenção para Harry, embora não no Twitter. Um bando de admiradoras carregando pistolas de água o molhou, para a diversão de todos, e ele depois tuitou que foi "muito rápido".

Caroline, por sua vez, parecia ter esquecido totalmente Harry. Em outra entrevista, agora ao *Daily Star Sunday*, ela não fugiu do assunto, confirmando que, sim, eles mantinham contato. "Fomos muito ligados por um tempo, mas isso é entre Harry e eu", disse ela, confirmando o que o público já sabia. "Então decidimos que era melhor sermos apenas amigos. Harry é uma graça. É uma ótima pessoa. Foi bom para mim, fomos bons um para o outro. Ainda somos amigos, ele é muito inteligente e divertido."

Admiravelmente, Harry parecia conseguir manter amizade com suas ex-namoradas, porque, apesar do fato de elas serem muitas, ninguém parecia ter algo desfavorável a dizer sobre ele. Na verdade, Harry era visto em todos os lugares. Em um minuto, ele estava no Reading Festival, fazendo amizade com Florence Welch, que cantou "What Makes You Beautiful" para aquecer a voz, depois seguiu para o G-A-Y, no centro de Londres, onde foi visto envolvido em uma guerra de comida com o DJ da Radio 1, Nick Grimshaw. Para fechar a noite, uma visita à popular boate Funky Buddha, em Mayfair, Londres, para comemorar o aniversário de 19 anos de Liam. Harry estava com uma vida social bem agitada.

Nessa época, foi anunciado que "Live While We're Young" seria o próximo single, e a música imediatamente subiu até o topo das paradas de pré-venda em quarenta países, uma proeza e tanto para um single que ninguém tinha ouvido ainda. O título do novo álbum também foi divulgado por Liam no Twitter: ele se chamaria *Take Me Home*. Depois, foram divulgadas as fotos da capa, com os garotos escalando uma cabine telefônica inglesa. Também se falou em criar uma coreografia associada ao single, algo inédito para os garotos. Foi uma jogada inteligente: se eles quisessem seguir os passos do grande Take That, então, em algum momento, teriam que aprender a dançar.

Enquanto isso, Harry tomou gosto por tatuagens e tinha acabado de fazer uma, escrevendo "17 Black" na clavícula. Os empresários da banda não se preocuparam com isso: eles ficavam de olho na imagem da banda, mas até agora Harry tinha sido discreto o bastante para não receber nenhum puxão de orelha. Junto com os outros garotos, ele era literalmente uma figura: os cinco viraram personagens em uma série de quadrinhos biográficos chamada *Fame* — embora os mais observadores tenham notado que o famoso cabelo de Harry não parecia tão glorioso quanto na vida real. Os cinco também assinaram contrato com a Pepsi, seguindo os passos de Madonna, Michael Jackson, David Beckham e Britney Spears e garantido mais alguns milhões na conta bancária.

Em setembro de 2012, a polêmica em torno do nome do grupo chegou ao fim, com o One Direction britânico ganhando a causa. A Syco, empresa de entretenimento de Simon Cowell, respondeu ao processo dizendo que a banda norte-americana estava tentando faturar com o sucesso do grupo britânico, obrigando os americanos a recuarem. O One Direction ganhou o direito de manter o nome, enquanto a banda norte-americana passou a se chamar Uncharted Shores.

Os dois grupos lançaram comunicados à imprensa dizendo-se felizes com o resultado, enquanto a banda norte-americana revelou ter recebido ameaças de morte e e-mails com mensagens de ódio das fãs do One Direction. Ninguém ficou particularmente surpreso: considerando o tratamento dado na internet a qualquer pessoa que falasse contra a banda, era óbvio que haveria algum tipo de ataque. O triunfo foi particularmente bom para Harry, afinal ele foi o criador do nome e tinha insistido para a banda não abrir mão dele. E, agora, ele venceu, afinal: o One Direction era oficialmente deles e o grupo poderia seguir em frente. Os empresários também ficaram aliviados. Mudar de nome a essa altura e após um sucesso tão surpreendente teria sido um pesadelo de marketing.

Alguns dias depois, os garotos conquistaram mais vitórias no MTV Video Music Awards, levando para casa o maior número de prêmios da noite, superando o grupo The Wanted e sendo consagrado como Melhor Artista Novo, Melhor Clipe Pop e Melhor Clipe para Compartilhar. Harry ficou estupefato: "É inacreditável. Esta foi nossa apresentação favorita. Em primeiro lugar, estar aqui é incrível para nós e o fato de cantar e ganhar três VMAs é sensacional." Impossível culpá-lo por ficar de queixo caído. Os prêmios da MTV são os mais famosos da indústria musical, recompensando os melhores da área, e o One Direction agora tinha sido publicamente aclamado por seus pares. Entre os vencedores daquele ano estavam Rihanna, Chris Brown, Coldplay e Lil Wayne: em outras palavras, alguns dos artistas mais badalados do mundo. E o One Direction tinha superado todos eles.

Não surpreende que os integrantes tenham ficado surpresos. "Crescemos vendo essa premiação e só o fato de estar aqui já é uma honra", disse Niall. A apresentação deles naquela noite causou mais gritos que todas as outras e fez até a equipe de ginástica olímpica dos Estados Unidos cantar junto. Simon Cowell postou no Twitter feliz da vida: "Parabéns, 1D. Tenho muito orgulho de vocês. Comemorem!" Foi uma vitória tão grande para ele quanto para o One Direction. Não só a empresa musical de Simon se beneficiaria com as vendas ainda maiores — que inevitavelmente aconteceriam —, como isto consolidava sua reputação como um dos homens mais influentes do show business. Depois disso, a ideia de Simon não tomar a iniciativa na escolha dos próximos artistas foi deixada de lado: esta deve ter sido a melhor decisão da vida profissional dele.

Os garotos foram legais o bastante para não contar vantagem, mas a banda The Wanted também concorria ao prêmio de Melhor Artista Novo da MTV. Eles levaram a derrota numa boa: foram ao palco apresentar um prêmio para a Nicki Minaj e, bem longe das câmeras, apertaram as mãos de todos os integrantes do One Direction. Parecia mesmo haver espaço para as duas bandas e seus estilos visivelmente diferentes, embora não houvesse dúvida sobre qual era o grupo mais popular do momento.

A cerimônia dos prêmios da MTV aconteceu em Los Angeles e, no dia seguinte, Zayn foi visto andando de muletas, enquanto Harry alugou uma Ferrari preta para dar umas voltas pela cidade. De volta a Londres, ele comprou seu próximo carro: um Jaguar E-type vintage, o mais novo item de uma coleção que agora contava com um Porsche, um Audi e um Range Rover. Os críticos reclamavam: ele está gastando tanto dinheiro! Mas por que não? Quando David Beckham ficou famoso também esbanjou em veículos, e considerando que Harry comprava imóveis, ele certamente deveria ter permissão para gastar os frutos do sucesso com algo frívolo.

Praticamente tudo o que Harry fazia se tornava público: em uma época de celulares com câmeras e Twitter, não há muito espaço para a privacidade. Isso criava tensões, e uma pessoa que sabia exatamente como isto funcionava era Robbie Williams. Agora um legítimo veterano de 38 anos, ele sentia que era mais fácil ser um astro pop do primeiro escalão na época dele, sob vários aspectos.

"É natural que um cara de uma boy band seja comparado a mim em algum momento", disse ele em uma entrevista ao *Sun*, soando um pouco como uma versão mais jovem de Sir Paul McCartney: "Todo mundo é pegador, seja de mulheres ou homens, dependendo da orientação. Ele só está se divertindo. Vejo Harry com olhos de alguém que está ficando amargo e velho, é casado e que não pode fazer mais nada disso. Além disso, tenho muito amor por ele e pelo One Direction. Na balança, o amor supera a amargura, mas ela também está lá."

Robbie estava obviamente brincando, mas acabou falando sério: "Sinto um pouco de pena de Harry. Na idade dele, eu estava naquela boy band inocente, o Take That. Mas eu me encontrava com amigos, pulava do ônibus da turnê para uma van e dormia em postos de descanso nas estradas em todo o país. Sempre que tinha a chance de ir a uma boate, eu ia. Frequentava o Miss Moneypenny's, em Birmingham, ou o Hacienda, em Manchester. Todo mundo sabe agora, mas eu enchia a cara em total anonimato. Ninguém tinha um celular com câmera, então eu podia sair e me divertir. Harry está descobrindo que isso não é tão fácil para ele."

E realmente não era. Não só Harry corria o risco de ser fotografado sempre que saía à rua, como há uma série de novos desafios com os quais astros pop de antigamente não precisavam se preocupar. As namoradas e casos dos membros da banda não eram as únicas a receber ameaças de morte — os cinco integrantes também enfrentavam isso. Eles precisavam de segurança constante e não só por causa das fãs mais loucas. As fãs mais contidas eram, da mesma forma, um perigo — a simples quantidade delas poderia esmagar alguém. As mídias sociais apenas pioravam a situação: a aparição de um dos garotos viralizava em segundos, levando fãs da região a correr para ver os ídolos e um grupo de pessoas rapidamente se transformava em uma multidão. Até as saídas para fazer compras precisavam ser cuidadosamente vigiadas.

Às vezes, a atenção em torno dos garotos virava piada. Sarah Cox, faxineira de 37 anos de Melksham,

Wiltshire, ficou confusa quando se viu bombardeada por mensagens de amor após receber um novo celular. Posteriormente, descobriu-se que o aparelho, um BlackBerry Bold, não era exatamente novo: tratava-se de um modelo recondicionado que tinha pertencido a um certo Niall Horan. Embora o integrante do One Direction tenha devolvido o aparelho em apenas duas semanas, as fãs conseguiram o número e o espalharam pelo mundo. Algumas simplesmente se recusavam a acreditar que o telefone não pertencia mais a Niall e acusavam Sarah de ter roubado o aparelho. No fim das contas, a operadora O2 foi obrigada a dar outro aparelho à cliente.

Pelo lado positivo, a vida na indústria do entretenimento continuava a todo vapor. James Corden ia se casar, e o padrinho Ben Winston convenceu todo o One Direction, além de Sir Paul McCartney, Robbie Williams, Gary Barlow e o Snow Patrol a participar de um vídeo em que cada um gravou uma frase de uma música composta por James na adolescência. Harry também apareceu no desfile da Burberry na Fashion Week de Londres, onde foi visto ao lado da artista burlesca Dita Von Teese. Para decepção da mídia, eles não ficaram juntos. Ela teria sido uma "coroa" e tanto para as manchetes. Também estavam presentes Sir Jonathan Ive, da Apple, e o astro do tênis Andy Murray, levando a especulações de que a Burberry convocou celebridades para melhorar a imagem internacional. Em resumo, Harry era capaz de "mudar um produto", seja através das vendas de discos, aparecendo em anúncios ou apenas marcando presença em um desfile de moda.

Claro que havia outro motivo para Harry aparecer no desfile da Burberry: Cara Delevingne. Ela estava desfilando para a marca e, embora nenhum deles tenha confirmado ou negado o envolvimento amoroso, os mais observadores notaram o sorriso aberto de Harry sempre que Cara aparecia. A própria tinha respondido às inevitáveis abordagens via Twitter com: "Por favor, parem de tentar adivinhar. Vocês não precisam saber", mas era improvável que isso fosse satisfazer alguém. O mundo não parava de especular sobre Harry e sua vida amorosa, daí o interesse contínuo em Caroline Flack nove meses após o caso ter terminado. Além disso, não havia como negar que Harry e Cara formavam um belo casal. Atualmente, contudo, ele estava aprendendo a ser um pouco mais discreto. Ele não flertava mais em público: nada de elogiar a beleza de Lucy ao vivo ou segurar uma foto de Kim Kardashian com "Me liga" escrito embaixo.

Tudo isso alimentava as especulações, mas Harry começava a perceber que a vida seria muito mais fácil se ele fosse mais reservado.

Obviamente, ele ainda não estava pronto para um relacionamento sério. Pixie Geldof comemorou o aniversário com amigos no bar de karaokê Lucky Voice, no Soho londrino. Também estavam presentes Harry e Alexa Chung, que flertaram abertamente a noite inteira e saíram juntos de táxi, acompanhados de Pixie e de seu namorado. Contudo, algumas pessoas entenderam tudo errado e acharam que Harry e Pixie tinham ficado juntos. Os tuítes começaram, mas a aniversariante nem se abalou: "Tive um aniversário excelente!", postou ela no Twitter: "Jantar, karaokê! E depois uma cantoria noturna com piano e tudo!" Harry cantou a música de Justin Bieber, "Boyfriend", e poucas vezes uma música poderia ser tão adequada. O mundo inteiro, ou pelo menos parte considerável das mulheres que o habitam, queria ter Harry como namorado. Não dava para evitar: o garoto se transformara em um dos objetos de desejo mais populares do mundo.

Naquela época, uma nova biografia de Simon Cowell foi lançada. Escrita por Tom Bower e tendo a aprovação tácita do biografado, ela basicamente chamava a atenção pelas revelações sobre a vida amorosa de Simon, especialmente seu relacionamento com Dannii Minogue e os sentimentos dele por Cheryl Cole. O que passou despercebido inicialmente foi uma notícia ainda mais extraordinária: os ganhos totais do One Direction no ano anterior. Segundo as estimativas de Bower, os garotos ganharam quase 100 milhões de libras sozinhos, sem contar os 200 milhões de libras de lucro dado por eles a Simon e à Sony. O autor da biografia chegou inclusive a dizer que o One Direction era o novo Westlife de Simon, acrescentando que eles tinham faturado quase 100 milhões de libras com músicas, livros, CDs, DVDs, merchandising e comerciais. Só o *Up All Night* vendera 5 milhões de cópias. Além disso, havia os contratos de merchandising com a Nokia, a Nintendo e a Hasbro e acreditava-se que a recente ligação com a Pepsi valia cerca de 11 milhões de libras. Além disso, havia três livros que chegaram ao topo das listas dos mais vendidos, uma turnê mundial e o calendário de 2011, que também foi líder de vendas. Não surpreende que os garotos estivessem começando a esbanjar em casas luxuosas e, no caso de Harry, várias garagens repletas de carros luxuosos.

Harry continuou a aproveitar a vida e foi visto dando em cima da cantora australiana de 37 anos Natalie

Imbruglia na recepção do casamento de James Corden, na Babington House, perto de Frome, em Somerset. Os dois estavam no mesmo hotel segundo relatos que ambos recusaram-se a confirmar, e não só apareceram para tomar café da manhã juntos como também foram alvo de gritaria e comoção dos outros convidados. Ao ser abordada por um repórter que perguntou se isso era verdade, Natalie não cooperou: "Por que está perguntando isso para mim? Pergunte a ele." Os garotos foram tocar no festival iTunes no Roundhouse, em Londres, e o público viu o sorriso no rosto de Harry quando eles cantaram "Torn", que por acaso foi sucesso na voz de Natalie Imbruglia. O amigo de Harry que estava na plateia, Nick Grimshaw, ajudou a aumentar as especulações ao postar no Twitter: "Estão cantando "Torn", de Natalie Imbruglia. LOLLLLZZZZ."

As travessuras de Harry nada fizeram para desestimular as fãs, que andavam mais dedicadas do que nunca, a ponto de ser preciso acrescentar cadeiras no centro cultural Roundhouse por motivos de segurança, para evitar que alguém fosse esmagado na confusão. Além de "Torn", eles cantaram o repertório cada vez maior, que incluía "Gotta Be You", "What Makes You Beautiful", "One Thing" e "Na Na Na", além de dizer aos fãs o quanto estavam felizes por voltar a Londres. Afinal, o One Direction tinha passado boa parte do tempo em outros países, especialmente nos Estados Unidos. No mesmo dia, eles lançaram o novo single e clipe, "Live While We're Young". Isto aconteceu antes do planejado, mas foi necessário, pois uma versão de má qualidade tinha vazado na internet.

"Live While We're Young" ficou entre as dez mais tocadas em 15 países e estreou em terceiro lugar nos Estados Unidos, a segunda posição mais alta de um artista britânico na primeira semana (o primeiro foi Sir Elton John, que chegou ao primeiro lugar com "Candle in the Wind", em 1997) e teve a mesma origem dos sucessos anteriores. Composta por Rami Yacoub, Carl Falk e Savan Kotecha e produzida por Yacoub e Falk, a música é uma celebração otimista das alegrias da juventude, que recebeu resenhas positivas: Robert Copsey, do *Digital Spy*, deu quatro estrelas de cinco, dizendo: "É um pouco diferente do que ouvimos antes, mas quando você é a maior boy band do mundo, isso não é ruim."

Para Mikael Wood, do *Los Angeles Times*, a canção era "uma obra tipicamente vigorosa no estilo pop de festa de alta qualidade". Já Andrew Unterberger, do *Popdust*, escreveu que "a música é inteligente ao roubar o estilo de abrir somente com a guitarra de 'Should I Stay or Should I Go?', do grupo The Clash, assim como 'What Makes You Beautiful' fez com o começo de 'Summer Nights'. Quando se faz esta ligação com a história do pop você fica empolgado pela música antes mesmo de perceber o motivo."

Sylvie Lesas, da *Evigshed Magazine*, deu a cotação máxima de cinco estrelas e classificou o single como "alegre, divertido e bem original", acrescentando que "as rádios vão adorar". Para Chris Younie, do *4Music*, a música "era incrivelmente fácil de ficar na cabeça"; e Tina Hart, do *MSN Music*, notou a utilização de elementos de "What Makes You Beautiful" e "One Thing", os singles anteriores do One Direction, e chamou de "uma imensa vitória pop... É divertida, sem rodeios e eu gosto disso."

O videoclipe, dirigido por Vaughan Amell, foi filmado em Tunbridge Wells, no pitoresco município de Kent, e mostrava os garotos brincando em um camping, zoando em barcos em um lago, jogando uma partida de futebol, participando de uma festa com piscina de plástico e se divertindo horrores. Ele bateu o recorde do Vevo ao alcançar 8,24 milhões de visualizações, derrubando "Boyfriend", de Justin Bieber (ele acabou reconquistando o posto com "Beauty and a Beat"). O clipe ganhou elogios da crítica por ser agradável e divertido. Era uma "aventura épica de verão", disse o *Huffington Post*, "com direito a acampamento e a uma inigualável festa na piscina".

"Live While We're Young" também apareceu em um comercial da Pepsi, que mostrava Harry e o jogador de futebol americano Drew Brees brigando pela última lata do refrigerante. Os dois comparam suas conquistas, e Niall diz a Drew que ele pode entrar para o One Direction se der a lata para Harry. Tudo termina com o jogador participando do grupo e cantando uma parte de "Live While We're Young". O anúncio também recebeu boas críticas e permitiu mostrar que os garotos levavam jeito para a comédia. "O comercial não só dá ao grupo uma chance de mostrar seu talento no humor", escreveu Jocelyn Vena da *MTV News*, que achou o anúncio hilariante, "como também faz lembrar que o novo álbum *Take Me Home*, do qual o single faz parte, será lançado daqui a um mês." É bem por aí.

12 NADA SUBSTITUI O SUCESSO

Os garotos não paravam de acumular conquistas. Eles foram indicados ao Teen Awards da Radio 1, de onde saíram com os prêmios de Melhor Single Britânico por "One Thing", Melhor Álbum Britânico e Melhor Artista Britânico. Inexplicavelmente, eles passaram a cerimônia carregando uma imagem de papelão em tamanho real do príncipe Harry, que, naquela época, estava na mídia por ter se despido de modo não muito adequado na frente de um grupo de novas amigas em Las Vegas. Os garotos estariam se mostrando solidários a ele? Certamente a persona farrista do príncipe era parecida com a deles. Fora isso, o príncipe e o integrante mais popular do One Direction tinham o mesmo nome e as comparações entre ambos pareciam adequadas. "Eles estavam meio eufóricos e obviamente veneraram o que Harry aprontou em Vegas", disse um espectador. E por que não? Eram jovens se divertindo, assim como outra participante da cerimônia de premiação naquele ano: Taylor Swift. Como ela tinha namorado na época, os relatos alegando que a cantora e Harry estavam se conhecendo os mostravam apenas como amigos.

Naquela noite, os garotos baixaram um pouco a guarda e aceitaram uma comparação com os Beatles: "Assistimos a um filme do Quarteto de Liverpool quando eles foram aos Estados Unidos pela primeira vez e vimos algumas semelhanças reais com a gente", disse Harry. Niall completou: "Eles adoravam se divertir, exatamente como nós."

Outro sinal de experiência veio quando Harry admitiu que eles não sabiam mais dizer de qual lado do Atlântico ficava o seu lar. "Quando estamos nos Estados Unidos, eu diria que nossa casa é em Londres, mas, quando estamos aqui, sentimos que nossa casa fica lá. É meio esquisito." Essa é uma sensação comum entre artistas internacionais, que precisam aprender a chamar de lar o lugar onde estão naquele momento.

Harry continuou a ser associado a todas as garotas com quem era fotografado, mas, de acordo com o amigo Will Sweeney, ele queria algo mais sério. "Harry está procurando por um relacionamento", contou Will ao *Sun*. "Ele sempre vai às festas com garotas diferentes, mas se sente sozinho e não quer mais isso. As mulheres ficam com ele por uma noite. Ele se diverte, mas fica só nisso."

Enquanto isso, uma de suas ex-namoradas ainda sofria provocações devido ao passado com Harry. A temporada atual do *X Factor* estava no ar e Caroline apresentava o *Xtra Factor* mais uma vez no ITV2. Em um episódio exibido em setembro, foram mostradas imagens de Caroline e Louis Walsh "se casando" de brincadeira em Las Vegas.

— Louis, eu quero o divórcio — declarou Caroline.

— Tudo bem — respondeu Louis na hora.

— Por ser sua esposa, tenho direito a metade de tudo o que você tem, então eu fico com metade do Westlife. Vou ficar com Kian e Mark. E também quero John, do Jedward.

— Então, eu fico com uma parte do One Direction? — respondeu Louis, fingindo estar envergonhado.

"Foi uma ótima resposta", Caroline admitiria depois.

Os garotos fizeram uma aparição no *X Factor* — afinal, eles deviam tudo à temporada que o reality show exibiu há dois anos. Muita coisa havia mudado desde então. Na época, eles não eram ninguém, mas no momento eram superastros famosos no mundo todo. Isto fazia com que eles se dessem conta do quanto tinham ido longe. "É realmente estranho voltar ao palco do *X Factor*", disse Louis, meio surpreso, ao *Sun*. "Passar por aquelas portas sempre nos deixa nervosos e dá a impressão de que estamos disputando de novo. Ser entrevistado por Dermot O'Leary nos deixa com os nervos em frangalhos. Nós adoraríamos voltar para uma apresentação antes do natal. O *X Factor* é a nossa casa e adoramos o programa." Harry esbarrou em Caroline quando eles estavam no estúdio, mas ele foi visto saindo com outra pessoa. Apesar de tudo, Harry fazia questão, juntamente com Caroline, de enfatizar que os dois ainda se davam bem: "Temos muitos amigos em comum e estamos bem. Parece haver a ideia de que brigamos sempre que nos vemos, mas não é isso."

O One Direction agora fazia parte do cenário cultural. Foi anunciado que o selo infantojuvenil da Penguin, Razorbill, iria publicar um livro chamado *Loving the Band*, escrito por Emily Baker, de 16 anos, e se baseava em uma fan fiction inspirada pelo One Direction, então os garotos viraram inspiração para escritoras iniciantes. "Estamos na internet o tempo todo procurando por novos autores de várias formas", explicou Lindsey Heaven, editora-sênior de ficção da Razorbill. "Com a fan fiction já existe um conjunto estabelecido de fãs, o que é ótimo. Acho que as pessoas estão mais cientes dos novos canais que estão se abrindo e qualquer editoıa séria deve se dedicar totalmente a analisar textos vindos de diversas fontes. Como a fan fiction está mais popular do que nunca, é algo em que vale a pena prestar atenção." *Cinquenta tons de cinza* era o caso mais famoso até agora, por ser originalmente uma fan fiction baseada na série *Crepúsculo*. Agora, eram os garotos a fonte de inspiração. A influência deles parecia ter ido muito além da indústria musical — e avançaria ainda mais.

De volta ao *Xtra Factor*, Caroline ainda sofria com piadas. Ela disse que tinha uma "grande novidade" para contar a Louis, e teve que ouvir como resposta: "É o fato de você gostar de homens mais velhos?"

Enquanto isso, as fofocas sobre Taylor Swift se intensificavam. Havia boatos de que ela estaria planejando jantar com um integrante do One Direction durante sua visita ao Reino Unido, mas cancelou tudo quando os planos vazaram. A pergunta é: qual integrante? "Não era eu", respondeu Harry, com firmeza. E também havia o fato de Taylor ter namorado, Conor Kennedy, deixando tudo muito estranho. Ela acabou partindo do aeroporto de Luton em seu jato particular, embora houvesse planos de voltar ao Reino Unido em breve...

O trabalho promocional do One Direction continuava, agora com um acordo para lançar pastas e escovas de dente com a Colgate. Algumas pessoas acharam isso um pouco esquisito, mas definitivamente tinha a ver com o estilo certinho deles. Houve mais uma distração do que realmente estava acontecendo (ou começando a acontecer) quando surgiram boatos de que Harry queria conhecer Lisa Marie Presley, que tinha se mudado para o sul da Inglaterra. Na verdade, a semente de um relacionamento bem diferente deste já havia sido plantada. Harry vinha sendo rotulado como pegador há algum tempo e ainda não tinha vivido um relacionamento sério. Tudo isso estava prestes a mudar.

As especulações sobre a vida amorosa dele foram ofuscadas pelas notícias dos Estados Unidos: "Live While We're Young" tinha acabado de entrar nas paradas e vendeu 341 mil cópias na primeira semana, indo direto para o primeiro lugar. Mesmo depois do sucesso comprovado nos Estados Unidos, era um desempenho excepcional que significava uma ótima perspectiva para o próximo álbum. Eles já estavam no mercado há algum tempo e precisavam provar que vieram para ficar. E tudo indicava que sim.

As aparições promocionais continuaram com uma viagem a Dublin, onde os garotos foram perseguidos pela horda usual de fãs — não que eles parecessem se importar com isso. Niall sempre era adorado em suas viagens à Irlanda por esta ser sua terra natal, e os outros obviamente se divertiam tanto quanto ele. Harry, Louis e Liam se tatuaram e todos fizeram uma breve turnê por algumas das boates mais famosas da cidade antes de aparecerem no *Late Late Show*, para a alegria das fãs.

Enquanto a agenda promocional prosseguia normalmente, Liam deixou escapar que eles sentiam uma certa pressão: "Acho que sim. É a tal síndrome do segundo álbum, ou seja lá como chamam. Mas não queremos mudar muito e sim fazer algo bem parecido, com diferenças sutis. Como ficamos mais velhos, queremos que a música cresça com a gente, mas nosso álbum soa mais como um show ao vivo. As músicas falam de experiências que tivemos." Nesse meio tempo, houve espanto quando os garotos confessaram atacar os frigobares dos quartos de hotel nos Estados Unidos, onde ainda eram legalmente jovens demais para beber. A tensão aumentou mais quando a presença de Zayn em uma rádio canadense foi subitamente cancelada. O motivo parecia ser a recusa dele em responder a uma lista de perguntas, o que teria ofendido o DJ. Na verdade, considerando que uma dessas perguntas era como o One Direction escolheu o nome do grupo, ele provavelmente estava chateado por ter de responder as mesmas coisas o tempo todo. Seja qual for o motivo, manter o show na estrada era do interesse de todos, então a banda seguiu em frente.

Mesmo ainda estando longe de serem os integrantes mais antigos do mundo do entretenimento, o One Direction certamente virou inspiração para novos grupos. A temporada atual do *X Factor* tinha lançado outra boy band chamada Union J, que parecia não acreditar em sua sorte quando encontrou o One Direction. George Shelley, um dos integrantes da banda, vinha sendo comparado a Harry e foi visto conversando muito com seu ídolo. O conselho dado por Harry ao novato? "Nunca corte seus cachos."

Todos os garotos do Union J pareciam fascinados por encontrar a banda: "Foi incrível conhecê-los, pois eles estavam na mesma posição que nós há alguns anos", disseram. Enquanto isso, Liam recomendou: "Apenas saiam por aí e se divirtam." Louis aconselhou: "Sejam vocês mesmos." Parecia que há apenas algumas semanas

Robbie Williams passava sua sabedoria de boy band aos novatos do One Direction. E realmente não faz tanto tempo assim. As coisas andam muito rápido no show business.

Harry e George se deram muito bem. "Eles trocaram telefones, pois os dois grupos devem começar a se esbarrar por aí", disse uma testemunha do encontro ao *Daily Mirror*. "Harry se vê muito no George, por isso queria passar um SMS de brincadeira revelando seu segredo, daí a recomendação para nunca cortar o cabelo, pois ele sabe que o penteado faz muito sucesso com as garotas. George ficou rindo e mostrou o SMS para algumas pessoas, mas eu diria que ele não vai fazer nenhuma mudança radical no corte de cabelo daqui em diante." Foi um conselho sábio. Desde Sansão, ninguém retirava tanta força do cabelo.

Foi anunciado que o One Direction tinha conquistado o título de Melhor Artista do Reino Unido e da Irlanda, a ser entregue no MTV European Music Awards no mês seguinte. Enquanto isso, o Union J subitamente descobriu que a comparação com o One Direction estava atrapalhando: Louis Walsh alegou que Simon Cowell temia que os novos garotos ameaçassem o grupo já estabelecido e, por isso, estava se afastando deles. "Ele sabe que o Union J é uma ameaça ao One Direction, por isso não vai falar muito deles", atacou Louis no *Daily Star*. Na verdade, era bastante improvável que houvesse algum motivo para se preocupar, pois o One Direction ia de vento em popa. A fabricante de brinquedos Hasbro certamente pensou o mesmo: embora seus lucros tenham caído no trimestre até outubro de 2012, a venda de brinquedos femininos subiu e os altos executivos esperavam que os bonecos do One Direction vendessem bem no período de natal. Esperava-se particularmente que o de Harry fosse um sucesso.

O Union J aceitou o ataque numa boa, entendendo que era basicamente uma jogada a fim de chamar a atenção para o programa. "Adorei saber que Simon se sente ameaçado por nós. Liguei para Louis na mesma hora e perguntei o que ele tinha falado", contou o integrante do Union J Jaymi Hensley. "Louis disse que Simon se sentia ameaçado porque uma boy band deste ano poderia superar a dele. Ele ficaria com os grupos no *X Factor* dos Estados Unidos, por isso está tentando formar o novo One Direction nos Estados Unidos. Mas Louis está totalmente confiante este ano, então acho que há um pouco de competição entre os dois. Louis contou que está determinado a ganhar. É ótimo que Simon esteja de olho na gente, mesmo sem estar no programa deste ano."

Após o sucesso daquele ano, não chegava a surpreender que o One Direction fosse o novo integrante que entrou na posição mais alta na lista de astros britânicos mais ricos (no total, eles ficaram em quinto lugar): os ganhos pessoais deles giravam em torno de 5 milhões de libras, conquistados em menos de um ano. Todos os garotos estavam gastando com imóveis agora, e Harry comprou uma casa no norte de Londres, lar do famoso Primrose Hill.

Todos queriam estar associados ao One Direction de alguma forma, até astros famosos e bem estabelecidos. Robbie Williams deu outra entrevista citando o grupo, contando que no início do Take That, ele e Gary Barlow tinham uma relação de amor e ódio e suspeitava que os garotos viviam algo parecido. Se isso acontecia, eles disfarçavam bem: os integrantes da banda jamais mostraram qualquer sinal de ciúmes ou inveja pelo fato de Harry ser o mais popular dos cinco. Os outros quatro recebiam tanta atenção, com suas próprias fãs dedicadas, que não havia motivo para tal.

Outra pessoa que adorou conhecê-los foi ninguém menos que Kylie Minogue. "Eu bebi com o One Direction no casamento de James Corden", contou ela ao *Sunday*

Mirror, acrescentando o conselho que deu aos garotos: "Eu fiquei de bobeira com os meninos. Posso definitivamente entender o apelo deles, que são uns fofos, uns caras ótimos. E têm ótimas músicas para garantir o sucesso. Não sei qual é a fórmula secreta e nem sempre acertei com meu trabalho, mas é preciso correr riscos e aprender quem você é. Nem sempre eu sabia quem era no começo e você precisa achar seus pontos fortes e trabalhar os pontos fracos."

Kylie foi uma mulher com quem Harry não ficou — ela também tinha namorado. Mas ele deixou claro seu gosto pelo sexo oposto: "Tenho 18 anos. Eu não adoro mulheres mais velhas, adoro mulheres. Às vezes, flerto só por flertar", explicou. "Talvez eu simplesmente seja assim. Tenho um bom esquema de sedução e o executo muito bem." Isto era óbvio para todos, mas a pergunta ficava no ar: quem seria a próxima?

Foi anunciado que os garotos cantariam no Royal Variety Performance, junto com Robbie Williams, Kylie Minogue, Rod Stewart, Alicia Keys e Girls Aloud. Eles deram uma entrevista à revista *Vogue*, na qual Harry disse: "Você nunca vai se acostumar às pessoas gritando e aplaudindo você. Isso é algo com que você pode se deixar levar e se perder com muitas coisas que a vida lhe dá, mas é preciso deixar as coisas acontecerem. Aprendi a não levar tudo a sério demais."

Esta entrevista dada à *Vogue* (e não na *Teen Vogue*, na qual os garotos também já tinham aparecido) era outro indicador do status elevado do grupo, pois eles não apareciam no estilo fanfarrão de sempre: foram retratados em poses bem solenes e em fotos em preto e branco. O fotógrafo era Patrick Demarchelier, um dos mais famosos do mundo, que nem pegaria sua máquina se os retratados não fossem considerados importantes o suficiente. Alexa Chung foi citada na matéria: "Eles não são os Beatles, é claro, mas é legal ver uma boy band se vestir bem, para variar. Eles parecem uma caixa cheia de filhotinhos de cachorro no natal: cada um é mais adorável que o outro." Foi uma entrevista reveladora do mundo que eles habitavam agora: Harry confessou gostar de ensaios fotográficos e ser fã de moda (daí sua participação no desfile da Burberry) e também parecia extremamente confortável com a fama crescente.

Na matéria, Jo Ellison fez um excelente trabalho explicando o apelo de Harry. "Mesmo que você nunca tenha ouvido falar do One Direction, provavelmente já ouviu falar de Harry Styles, o vocalista de olhos cor de avelã, cabelos rebeldes, covinhas e o caçula do grupo, por quem o mundo inteiro se apaixonou", descreveu ela. "Harry, o aquariano que vem do vilarejo de Holmes Chapel, em Cheshire. Harry, cujo olhar confuso e petulante, que lembra o de um ursinho de pelúcia tentando aprender trigonometria, fisgou milhões de corações palpitantes e conquistou uma vasta quantidade de mulheres... Harry, que adora comer tacos e odeia maionese..." Harry, que conquistou o mundo e claramente iria continuar fazendo isso.

Durante o ensaio, os garotos posaram com Edie Campbell, uma bela modelo de 22 anos. Inevitavelmente, ela logo virou alvo de agressões no Twitter, apesar de namorar Otis Ferry, filho do cantor Bryan Ferry. As trolls fizeram as ameaças de sempre, dizendo para a modelo não encostar em Harry de novo, mas Edie enfrentou tudo com uma autoconfiança extraordinária: "Desde que não apareçam na minha porta com tochas acesas, creio que posso lidar com isso", disse ela.

Uma jovem chamada Amy Green teve um problema semelhante, mas, dessa vez, envolvia Niall em vez de Harry. Amy, estudante de artes cênicas, tinha começado a namorar Niall e recebeu uma torrente de agressões no Twitter: "Ignore essas pessoas", aconselhou seu novo namorado. Volta e meia, os garotos reclamavam da trollagem, pois eventualmente eles próprios eram alvo de agressões virtuais, mas nada poderia resolver o problema. As pessoas que conviviam com eles, especialmente as mulheres, precisavam desenvolver uma casca bem grossa.

No mesmo mês, os garotos também apareceram na capa da *Teen Vogue*, presumivelmente para agradar a fãs de todas as idades. Mais uma vez, Harry, visto como modesto e encantador, mal podia acreditar na própria sorte: "Uma vez, uma garota botou o celular dela no meu bolso. Aí eu encontrei e pensei: 'Lá vamos nós.' Ela disse: 'Se você está com meu celular, precisa se encontrar comigo para devolvê-lo.' É legal ver pessoas indo tão longe apenas para conhecê-lo, mas, às vezes, fica difícil entender, pois somos apenas garotos que provavelmente estariam na mesma escola que nossas fãs, mas que tiveram essa oportunidade incrível." Era uma autoavaliação precisa e digna de elogios. Vários astros e estrelas que fizeram sucesso quando jovens deixaram que isso lhes subisse à cabeça, semeando o caminho para a autodestruição. Harry e os meninos iam na direção contrária: quanto mais populares eles ficavam, mais determinados estavam a se manter normais. Eles sinceramente não conseguiam entender o furor que causavam, pois eram apenas quatro garotos normais da Inglaterra (e um da Irlanda) que, por acaso, tinham ido bem em um reality show. Contudo, independente de eles estimularem isso ou não, a fama não parava de aumentar. Não era mais o caso de brigar pelo reconhecimento, eles agora eram alguns dos rostos mais famosos do mundo.

E nem mesmo isso lhes subia à cabeça. Todos os garotos eram sensatos e conscientes da sorte que tinham, sendo até modestos, na medida do possível para alguém na posição deles. Não havia presunção, nem a sensação de "eu mereço". De alguma forma, contra todas as possibilidades, um grupo de rapazes havia conquistado o mundo e conseguido manter os pés no chão.

Contudo, eles estavam começando a exibir algumas cicatrizes de guerra. Com uma grande turnê mundial pela frente, os integrantes do One Direction precisavam estar no auge da forma, mas, bom, eles não estavam. Harry sentia dores nas costas, e, para tentar resolver esse problema, ele fazia pilates. Zayn estava andando de muletas por ter se machucado em uma farra, Liam tinha acabado de quebrar o dedão do pé porque o laptop caiu em cima dele, e Niall deslocou o joelho não uma nem duas vezes, mas 14 vezes. Eles também estavam se preparando para lançar seu novo single, "Little Things", e tinham entrado direto no primeiro lugar das vendas de calendários, sendo que o deles foi o calendário mais vendido da HMV em 2013, à frente tanto do de Justin Bieber quanto do de Tom Daley.

Além de gastar parte da recém-conquistada riqueza consigo mesmo, Harry também comprou uma casa nova para a mãe e o padrasto. A presença constante de admiradores em frente à antiga residência da família tinha aumentado muito e estava ficando difícil de lidar com a multidão, daí a necessidade de um lugar mais isolado e seguro. Enquanto isso, a publicidade continuava. Assim como tinham se afastado da imagem normal no ensaio fotográfico sombrio e triste para a *Vogue*, os garotos agora posaram para a revista *Wonderland* como se tivessem acabado de sair da década de 1950. Todos usavam camisas listradas e pulôveres e seguravam um filhote de labrador. Era uma imagem feita para derreter o coração das leitoras — e funcionou. Ao descobrir que os filhotes, na verdade, eram cães treinados para serem guias de cegos, a imagem ficava ainda mais fofa. Os garotos fizeram questão de insistir, porém, que não confirmariam o estereótipo da boy band em que todos os integrantes se vestem da mesma forma, esta foi uma exceção.

Harry e o restante do One Direction também saíram na capa da *Cosmopolitan* daquele mês, sendo a primeira capa totalmente ocupada por homens nos 40 anos de existência da revista, mas quando você é o assunto do momento, não tem jeito. E não dava para estar mais na moda do que Harry e seus colegas de banda. A *Cosmo* perguntou a Harry sobre qual seria sua garota ideal, e ele respondeu: "Acho que ambição é muito atraente, se a pessoa é boa em algo que adora fazer. Quero uma pessoa motivada." Ao dizer isso, era quase certo que ele se referia especificamente a alguém. O resto do mundo ainda não tinha entendido, mas parecia apenas uma questão de tempo. Ele também acrescentou na entrevista: "Tenho muita sorte por estar nessa posição. Não tenho o direito de ficar chateado. Não faço nem metade do que dizem! Do jeito que falam, parece que só vejo as mulheres de modo sexual, mas cresci com minha mãe e irmã, por isso respeito muito as mulheres." Parecia que este era o segredo de seu sucesso como pegador, mas tudo estava prestes a mudar.

Harry teve uma boa cota de casinhos, alguns mais duradouros que outros, e construiu uma bela reputação de sedutor, embora a maioria dos jovens faria exatamente o mesmo se estivesse na posição dele. Porém, parecia que agora Harry buscava um relacionamento sério e estava prestes a começá-lo, como o resto do mundo iria testemunhar em breve. Quem seria a sortuda? Bom, era uma mulher mais velha, mas não *muito* mais velha e alguém capaz de entender exatamente o tipo de pressão que ele passava, porque também vivia isso. Ela era quase tão famosa quanto ele e, juntos, os dois formariam um dos casais mais famosos do show business. Não demoraria muito para eles serem vistos em todos os lugares, passando o máximo de tempo possível juntos, considerando as agendas imensamente cheias e os compromissos em âmbito mundial. Harry até falaria em público sobre estar apaixonado, algo que nunca tinha feito antes. O nome da responsável por tamanha mudança? Taylor Swift.

13 TAYLOR QUEM?

A data era 13 de dezembro de 1989. Scott Kingsley Swift, consultor financeiro da gigante norte-americana Merrill Lynch, e sua esposa Andrea, que fora executiva de marketing em um fundo de investimentos e agora era dona de casa, comemoravam o nascimento de sua primeira filha. Era uma garotinha saudável, muito amada e esperada pelos pais corujas que batizaram a mais nova integrante da família de Taylor Alison Swift. O nome levemente incomum vinha da crença de Andrea de que um nome neutro (nem masculino, nem feminino) ajudaria a filha a ter uma carreira bem-sucedida no mercado de trabalho, mas talvez o mais verdadeiro seja o fato de Taylor ter sido batizada em homenagem ao cantor James Taylor. Será que isso teve alguma influência em sua futura carreira? O talento para o canto obviamente estava no sangue, pois a avó de Taylor, Marjorie Finlay, era cantora lírica. "Eu me lembro dela cantando, de toda a emoção", contou Taylor ao Readingeagle.com. "Ela foi uma de minhas primeiras inspirações."

O casal teve outro filho, Austin, e a família morava em uma fazenda de árvores de natal de 44 mil metros quadrados no condado de Montgomery, estado da Pensilvânia. Era uma vida privilegiada: a família era proprietária de vários cavalos e um pônei, e Taylor tinha 9 meses de vida quando foi posta em um cavalo pela primeira vez. Ela amava cavalgar e atuar, ingressando no teatro aos 9 anos de idade. Ela fez o pré-escolar e o jardim de infância na Alvernia Montessori School, dirigida por freiras franciscanas, e depois foi para a renomada Wyndcroft School.

Quando Taylor tinha 9 anos, a família se mudou para Wyomissing, também na Pensilvânia, onde frequentou o West Reading Elementary Centre e a Wyomissing Area Junior/Senior High School. As férias eram passadas na segunda casa dos pais em Stone Harbour, Nova Jersey, um lugar bastante tranquilo. "Moramos em um porto onde várias coisas mágicas aconteciam", ela contou à *Vogue* norte-americana (Harry Styles não era o único a aparecer em revistas). "Uma vez, um golfinho nadou até lá. Tínhamos também uma família de lontras que morava em nosso cais à noite. Nós ligavamos a luz e dava para vê-las cuidando de seus assuntos, apenas sendo lontras. Aí, em outro verão, apareceu um tubarão por lá. Acabei escrevendo um romance naquelas férias porque não entrava na água de jeito nenhum. Eu me tranquei no meu canto e escrevi um livro aos 14 anos por causa de um tubarão!"

Já nessa época, Taylor estava se interessando seriamente no mundo do entretenimento. Ela estudava teatro na Berks Youth Theatre Academy e participou de produções como *Grease — Nos tempos da brilhantina*, *Annie*, *Bye Bye Birdie* e *A noviça rebelde*, além de ir à Nova York para ter aulas de canto e teatro. Ela também começou a fazer testes, mas, como não chegava a lugar algum, Taylor ficou cada vez mais interessada em música country e passou a fazer o circuito de festivais e feiras. Aos 11 anos de idade, ela ganhou uma competição local de talentos com uma interpretação de "Big Deal", da LeAnn Rimes. Isto levou a uma apresentação como artista de abertura para Charlie Daniels em um anfiteatro da cidade de Strausstown e marcou o início da definição de seu futuro.

Desde o começo, Taylor transformou suas experiências em música. Nos últimos anos, depois de adquirir um nome no mercado, ela foi muito elogiada pela sinceridade de suas letras, abordando os assuntos que ocupam a cabeça de tantas adolescentes, mas que, na verdade, têm origem na pré-adolescência de Taylor, quando ela traduzia seu dia a dia em letras de música. "As pessoas a minha volta me davam toda a inspiração necessária", contou ela ao Readingeagle.com. "Tudo o que escrevi vinha dessa experiência, do que observei acontecendo ao meu redor." Obviamente, naquela época, ela tinha apenas uma percepção infantil dos eventos, embora com o tempo, as letras passaram a incluir observações sobre sua vida amorosa, como veremos.

Mostrando-se precoce a ponto de fazer Harry parecer um talento tardio, Taylor tinha apenas 11 anos quando convenceu a mãe a levá-la até Nashville, no estado de Tennessee, terra da música country, onde entregou fitas demo em todas as gravadoras que conhecia. Ela não conseguiu nada logo de cara, mas, mostrando uma iniciativa extraordinária para uma menina tão nova, começou a pensar em formas de se destacar, incluindo cantar o hino nacional dos Estados Unidos em eventos esportivos, "porque era um jeito de ficar diante de 20 mil pessoas sem ter contrato com uma gravadora". Ela aprendeu a tocar violão e, já tendo vencido um concurso de poesia, voltou-se para a composição. Taylor arrumou um empresário, Dan Dymtrow, começou a trabalhar como modelo para a Abercrombie & Fitch na campanha Rising Stars e, depois de uma apresentação na RCA Records, enfim conseguiu um contrato para se desenvolver como artista.

A essa altura, já estava bem óbvio que Taylor era uma criança extraordinária, tanto que a família inteira se mudou para Hendersonville, também no Tennessee, quando ela tinha 14 anos, com Scott se transferindo para o escritório de Nashville da Merrill Lynch. "Meus pais viram que eu estava tão obcecada que não iria abandonar a ideia, não era apenas uma fase de adolescente", contou ela à *Marie Claire*. "Meus pais foram jogados nisso tudo, eles nunca tiveram vontade que eu fizesse música." Taylor inicialmente frequentou a Hendersonville High School, mas quando a carreira musical ficou no caminho dos estudos, ela se transferiu para a Aaron Academy, o que lhe dava permissão para estudar em casa. Não foi surpresa para ninguém quando ela completou os últimos dois anos do ensino médio em apenas 12 meses.

Taylor acabou assinando com a Big Machine Records e virou a mais jovem compositora contratada pela Sony/ ATV. Seu álbum de estreia, chamado *Taylor Swift*, foi um sucesso imediato em 2006, e ela começou a quebrar recordes do mesmo jeito que Harry e o One Direction fariam alguns anos depois. Seu terceiro single, "Our Song", fez dela a mais jovem artista a compor e gravar uma música que chegou ao primeiro lugar na parada country. Já o segundo álbum, *Fearless*, lançado em 2008, ganhou quatro Grammys. Depois dele, mais dois álbuns se seguiram. Taylor também foi a vencedora mais jovem do Álbum do Ano (por *Fearless*), além de virar a primeira artista do sexo feminino a ter dois álbuns com mais de 1 milhão de cópias vendidas na semana do lançamento. Ela também foi a primeira artista country a ganhar um prêmio Video Music Award da MTV por "You Belong With Me", evento que ficou famoso quando Kanye West interrompeu seu discurso de agradecimento. Embora isso tenha chateado Taylor na época, o incidente ganhou as manchetes internacionais e não prejudicou seu perfil de artista mundialmente conhecida. Em 2011, a *Billboard* lhe atribuiu o título de Mulher do Ano. Harry não estava brincando quando disse que achava mulheres ambiciosas e motivadas atraentes: não há como ter mais ambição e motivação do que isso.

Desde então, Taylor foi premiada pela Associação de Compositores de Nashville e pelo Hall da Fama dos

Compositores. Ela ganhou seis Grammys, 11 American Music Awards, sete Country Music Association Awards, seis Academy of Country Music Awards e 13 BMI Awards. Ela vendeu mais de 22 milhões de álbuns no mundo inteiro e 51,1 milhões de downloads digitais nos Estados Unidos até 2012. Também atuou no drama criminal *CSI* (2009), na comédia *Idas e vindas do amor* (2010) e no filme de animação *O Lorax — Em busca da Trúfula Perdida* (2012). A lista de conquistas parece não ter fim e a Forbes estima que ela atualmente valha 165 milhões de dólares.

Além do sucesso na carreira, Taylor teve forte envolvimento em ações de caridade, apoiando o ensino das artes, a alfabetização infantil e a ajuda em desastres naturais. Em reconhecimento a tudo isto, ela recebeu um Kids' Choice Award em 2012 das mãos de Michelle Obama, com elogios de que Taylor "tinha subido ao topo da indústria musical, mas ainda mantinha os pés no chão, sendo alguém que excedeu todas as expectativas do que uma pessoa de 22 anos pode realizar". Sem dúvida, a primeira-dama estava sendo modesta.

Taylor tenta não fazer muitos comentários políticos, dizendo: "Não acho que meu trabalho seja influenciar o voto das pessoas", mas sua afinidade ficou bem óbvia quando declarou à revista *Rolling Stone*, após a vitória de Barack Obama: "Nunca vi esse país tão feliz com uma decisão política em toda minha vida. Estou muito contente por esta ser minha primeira eleição." Depois disso, Taylor elogiou Michelle Obama, considerando-a um modelo a ser seguido.

Além do sucesso, Taylor também se igualava a Harry em termos de relacionamentos. Seu primeiro namorado famoso foi o cantor Joe Jonas, seguido pelo ator Taylor Lautner, conhecido pelos filmes da série *Crepúsculo*. Seguiram-se ainda romances com o músico John Mayer, o ator Jake Gyllenhaal e Conor Kennedy, descendente da família de políticos mais famosa dos Estados Unidos. Em outubro de 2012, ela começou a namorar Harry, formando o casal dos sonhos da indústria do entretenimento: aumentava ainda mais a fama de ambos (não que algum deles precisasse disso) e, ao mesmo tempo, um entendia a pressão sofrida pelo outro. O próprio Simon Cowell não poderia ter escolhido um par mais adequado para seu protegido.

O relacionamento era cogitado há algum tempo. Houve boatos de que Taylor gostou de Harry desde a primeira vez que eles se viram, e o sentimento obviamente era mais do que recíproco. No verão de 2012, alguns meses antes de eles finalmente ficarem juntos, Harry não conseguiu se conter ao falar com a revista *Seventeen* sobre Taylor. "[Ela] é uma garota realmente adorável. Sinceramente, não poderia ser mais simpática", disse ele. "É ótima e extremamente talentosa. É uma daquelas pessoas boas. Algumas pessoas você conhece e não são tão legais quanto parecem, mas ela é uma dessas realmente incríveis." E isso foi antes de eles ficarem juntos. Não surpreende o fato de Harry se declarar apaixonado.

Inicialmente, ninguém suspeitou do namoro. Harry deu uma entrevista à revista *OK!*, na qual revelou ter pulado na cama da mãe de um amigo, mas não contou que havia alguém especial em sua vida naquele momento: "Foi uma aposta. Ela estava dormindo e acordou quando eu entrei, então eu só corri escada abaixo. Ela estava de robe, mas não sei se tinha alguma coisa por baixo. Eu não necessariamente olho para todas as mulheres mais velhas, também gosto de garotas da minha idade. Meu relacionamento com Caroline foi bem documentado e fez parecer que eu só gostava de mulheres mais velhas." Bom, aos 22 anos, Taylor era apenas quatro anos mais velha que Harry, então o namoro provavelmente não geraria os mesmos comentários.

Algumas pessoas ainda entenderam tudo errado, associando Harry a Cara Delevingne. "Os empresários de Cara pensam que Harry é a imagem errada para ela", disse uma fonte próxima à modelo ao jornal *The Sun*. "Eles acreditam que ser associada a Harry pode prejudicar a imagem dela para trabalhos de alto nível. Eles querem que Cara fique longe dos jornais. No mínimo, isso deixou Harry ainda mais a fim dela. Dizer 'não' a duas pessoas jovens só vai aumentar a vontade que têm de ficarem juntas."

Talvez sim, mas o interesse de Harry agora estava em uma direção totalmente diferente. Em novembro de 2012, a verdadeira história finalmente vazou. Harry e Taylor foram vistos de mãos dadas e flertando no estúdio do *X Factor* norte-americano em Los Angeles, onde ele foi apresentado à mãe de Taylor, Andrea. "Harry apareceu nos ensaios para ver Taylor. Ela adiou tudo por 20 minutos só para esperá-lo", contou uma fonte ao *Sun*. "Ele estava sentado com a mãe dela, Andrea, que parecia também tê-lo adorado. Depois que Taylor terminou o ensaio, ele a jogou por cima do ombro e a carregou para o trailer dela. Os dois passaram o dia todo de mãos dadas. Eles tinham cordões iguais e ficaram juntos na fila para o almoço. Tudo muito fofo."

Mas isso não era tudo. Um amigo de Taylor revelou que eles já tinham vivido um casinho e estavam dando uma segunda chance ao relacionamento. "Ela achava o Harry um gato e fez Justin [Bieber] apresentá-los. Taylor se apaixonou por ele logo de cara. Os dois tinham um casinho secreto. Ficavam mandando mensagens de celular e se falando muito por telefone, chegando a se encontrar algumas vezes, mas tudo acabou quando Harry foi visto com outra garota na Nova Zelândia. Taylor ficou realmente envergonhada pelo que aconteceu e não queria dar outra chance a ele. Mas agora os dois parecem ter passado mais tempo se conhecendo. Taylor geralmente entra de cabeça nos relacionamentos e se apaixona muito rápido. Harry, por sua vez, está sendo cauteloso porque não quer magoá-la de novo, mas deixou claro que gosta muito dela. Eles estavam se vendo em segredo já há algum tempo."

Será que Harry estava começando a amadurecer? As pessoas ao redor dele vinham comentando o fato de o famoso sedutor querer ter um relacionamento mais sério. Além disso, Taylor era tão talentosa quanto bonita e era considerada atraente pelos homens do mesmo modo que as mulheres se sentiam atraídas por Harry. Além disso, os dois estabeleceram uma ligação forte. Até

Simon Cowell ficou feliz de falar do assunto: "Eu não estava no ensaio, mas ouvi a história quando cheguei. Acho que eles ficam ótimos juntos." Ele tinha razão.

Não demorou muito para outra testemunha ocular contar tudo: Mario Lopez, o apresentador do *X Factor* americano. "Taylor Swift era a convidada e, durante os ensaios, Harry veio, deu um tapinha nas minhas costas e disse: 'E aí, Mario, como está indo?' Eu perguntei: 'O que você está fazendo aqui?', e ele apontou na direção de Taylor. Os dois foram embora de mãos dadas."

Era tudo muito fofo, ainda que algumas pessoas não tenham resistido a brincar dizendo que, aos 22 anos, Taylor era muito jovem para Harry. O casal preferiu ignorar esses comentários. Menos divertido foi o comportamento dos trolls da internet que foram ao Twitter publicar as bobagens de sempre, incluindo ameaças de morte. Mas Taylor já era veterana da indústria do entretenimento, e não só tinha desenvolvido uma casca grossa, como sabia todas as desvantagens de ter uma vida pública. Harry também estava acostumado ao fato de suas namoradas sofrerem muito com as fãs dele. Mas esse relacionamento mudou tudo. era sério e a dupla estava realmente apaixonada.

Taylor era bem diferente das outras namoradas de Harry, em todos os aspectos. Ela ficou famosa em parte pelas músicas que eram tão autobiográficas que muitas adolescentes se identificavam com elas. Harry estava ciente de que a cantora e compositora fazia questão de criticar quem a havia tratado mal: depois que Joe Jonas terminou com ela pelo telefone, Taylor publicou um vídeo no MySpace mostrando um boneco de *Camp Rock*, brinquedo baseado no personagem interpretado por ele em um filme da Disney e disse: "Olha, esse aqui vem até com um telefone para poder terminar com as outras bonecas." Como se não bastasse, ela compôs uma música sobre Joe chamada "Forever and Always", contendo a frase "You looked me in the eye and told me you loved me/Were you just kidding?" ["Você me olhou nos olhos e disse que me amava/Você estava brincando?".

Já "Dear John", sobre o relacionamento com John Mayer, questionava por que ele tratava tão mal uma pessoa bem mais nova do que ele. "Esta música realmente fez com que várias garotas que viviam relacionamentos nocivos se identificassem e achassem um jeito de sair deles", contou ela. E, caso alguém não tenha entendido, em outra entrevista, Taylor acrescentou: "Sempre componho músicas sobre minha vida. Então, se você for mau comigo, vou compor uma música sobre você que você não vai gostar. É assim que funciona." A mensagem era clara: não mexa com Taylor.

Depois de ser chamada de devoradora de homens por algumas pessoas, parecia que Harry tinha encontrado seu par ideal. Taylor Lautner pode ou não ter sido a inspiração para "Back to December" ("I'd go back in time and change it, but I can't" ["Voltaria no tempo para mudar isso, mas não posso"]), enquanto Jake Gyllenhaal pode ter inspirado "The Last Time", que segundo Taylor é sobre uma pessoa em quem não se pode confiar. "You never know when he's going to leave, you never know when he's going to come back, but he always does come back." ["Você nunca sabe quando ele vai embora, nunca sabe quando ele vai voltar, mas ele sempre volta."] Alguma dessas coisas afastou Harry? De jeito nenhum. Taylor era jovem, linda e um tremendo desafio, e Harry já estava profundamente envolvido.

Taylor, por sua vez, tinha outro problema: era uma mulher extremamente famosa, rica e bem-sucedida e precisava de um homem que pudesse lidar com isso. Alguns caras ficam intimidados ao sair com alguém com os méritos de Taylor e ela sabia disso: "Gosto de um homem que assuma o controle. Precisa ser como eu. Se eu sentir que estou usando as calças no relacionamento, começo a ficar desconfortável e acabamos terminando."

Com Harry, Taylor encontrou alguém tão famoso e bem-sucedido quanto ela, e, se a conta bancária do integrante do One Direction ainda não se igualava à dela, certamente estava caminhando para isso. Em vários aspectos, os dois eram perfeitos um para o outro e logo ambos perceberam isso. Taylor tinha falado à *Vogue* norte-americana algumas características inaceitáveis em possíveis namorados, e Harry não preenchia nenhum dos requisitos: "Se você precisa me botar para baixo de modo a igualar as coisas ou se sente ameaçado pelo que faço e quiser me humilhar para nivelar a situação, não vai funcionar." E também: "Além disso, não consigo lidar com um homem obcecado por privacidade. As pessoas meio que se importam quando duas pessoas famosas namoram, mas não é tanto assim. Se você se importa com a privacidade a ponto de precisar cavar um túnel por baixo do restaurante para podermos ir embora, então não vai dar certo." Longe de querer privacidade, Harry adorava ser o mais público possível. Depois do período inicial de timidez, ele poderia muito bem carregar uma faixa dizendo que ele e Taylor estavam juntos.

Dali em diante, o casal foi bastante aberto quanto ao relacionamento: foram vistos em shows um do outro, andando de mãos dadas em Nova York e parando para ver os leões-marinhos no Central Park. O One Direction fez um show lotado no Madison Square Garden, provando o quanto tinham ido longe (como se ainda precisassem provar alguma coisa), e comemoraram no Hotel Hudson, onde Harry apresentou Taylor à mãe dele, Anne. Depois, ele fez uma serenata para Taylor e emendou em um dueto em "Don't Go Breaking My Heart", famosa nas vozes de Elton John e Kiki Dee. Harry postou no Twitter que tinha sido a melhor noite da vida dele. Quem poderia culpá-lo? Afinal, a noite tinha misturado imenso sucesso profissional com uma saída pública com seu novo amor. A boa vontade com a relação transbordava, tanto que algumas pessoas batizaram o casal de "Haylor".

Mas a boa vontade vinha de *quase* todos, obviamente. A reputação de Harry como sedutor já existia há muito tempo, e pessoas da cidade natal de Taylor recomendavam tratá-la bem. "Meu conselho para Harry é: cuide muito bem dela", disse o vereador local Scott Sprouse. "Taylor significa muito para essa cidade e é claro que todos a protegem bastante. Ela é uma grande estrela e serve de modelo para muitos em Hendersonville. Ninguém quer vê-la magoada."

Joni Worsham, professora-chefe na Hendersonville High School, concordava. "Taylor tem um lugar especial no coração das pessoas de Hendersonville. É muito respeitada e amada, e as pessoas só querem o melhor para ela. Eles não gostariam mesmo de vê-la magoada por um relacionamento que deu errado." A mensagem estava clara: mexeu com Taylor, mexeu com o bom povo de Hendersonville.

Não que ele tivesse qualquer intenção de maltratá-la, pois, desta vez, Harry se declarou apaixonado. Aos 18 anos, ele estava na idade em que acontece a maioria dos primeiros grandes relacionamentos, e nisso ele não era diferente de ninguém. Só que, no caso dele, tudo aconteceria aos olhos do público. A próxima etapa era uma visita ao Reino Unido, onde Harry levou Taylor para comer no pub Rising Sun em Peak District, Derbyshire, e, não fosse o fato de ambos serem internacionalmente famosos, teria sido um encontro de um jovem casal como outro qualquer. Taylor foi vista com uma bolsa que tinha sido dada por Harry no aniversário dela, sendo que este não foi o único presente: ele também comprou brincos, perfume e 23 cupcakes, em homenagem à nova idade da moça.

Embora ambos tivessem seus compromissos profissionais, sempre que estavam no mesmo país ao mesmo tempo, os dois eram inseparáveis. Taylor acompanhou Harry quando ele foi fazer outra tatuagem e, após uma breve separação por motivos de trabalho, o casal se reencontrou no Canyons Resort, em Utah, para esquiar antes do natal. Harry depois foi visto com um curativo no queixo — aparentemente, o resultado de um acidente de esqui. Em outro sinal claro do quanto o relacionamento era sério, o irmão de Taylor, Austin, acompanhou os dois.

Pouco tempo depois, Taylor viajou para a Austrália enquanto Harry voltou à Grã-Bretanha para passar o natal com a família. Ele foi visto em uma pista de boliche local, posando alegremente com algumas fãs, mas a ausência parecia aumentar a paixão, pois, segundo todos os relatos, os dois passaram o período de natal se falando pelo Skype até cinco vezes por dia. O presente de Harry para ela foi um bracelete de esmeraldas antigo: nenhum relacionamento tinha sido assim para ele até agora.

Mas os dois não ficaram separados por muito tempo. Depois do natal, Harry foi aos Estados Unidos para passar o réveillon com ela (e ele acabou perdendo o passaporte no caminho, sendo que foi preciso mandar um novo para ele de Cheshire para Heathrow). Taylor estava recepcionando o ano-novo na Times Square, em Nova York, e Harry estava lá para vê-la. Ela também ia bem profissionalmente: o álbum atual estava no topo das paradas norte-americanas há sete semanas seguidas. Vestindo calças de couro apertadas, Taylor era a estrela pop 100% desejável, mas, depois do show, eles deram um beijo muito público, sinal claro de que queriam mostrar sua felicidade a todos. "Vão para um quarto!", gritou a mídia, e os dois foram mesmo: logo em seguida Harry a levou direto para seu hotel. De acordo com amigos, ele agora declarava publicamente seus sentimentos e ninguém poderia duvidar que ele estivesse embriagado de amor.

Depois das comemorações do réveillon, eles fizeram uma rápida fuga para descansar nas Ilhas Virgens Britânicas: o casal estava ficando na Virgem Gorda, onde foram vistos se misturando alegremente com fãs, além de passar muito tempo a sós. Porém, o relacionamento não era um mar de rosas: depois de uma imensa briga, o casal se separou, Taylor voltou para casa sozinha e porta-vozes do casal confirmaram o fim do relacionamento. A moça foi flagrada muito triste, enquanto Harry se consolou passando um dia na Ilha Necker, de propriedade de Sir Richard Branson, onde "comemorou muito", de acordo com um amigo que estava lá. Mas não parou por aí: em Taylor, Harry tinha achado uma igual. Ele também teve seu primeiro relacionamento sério e adulto. O casal ainda não estava pronto para se separar.

14 *TAKE ME HOME*

Havia muito em jogo — e não só para o One Direction. Com o sucesso extraordinário do primeiro álbum, o fato de eles terem estourado nos Estados Unidos e a percepção de que o grupo veio para ficar, uma imensa quantidade de pessoas estava se beneficiando do que acontecia aos garotos. A principal delas, obviamente, era o arquiteto por trás de tudo, Simon Cowell. No entanto, compositores, produtores, diretores de clipes, estilistas, donos de lojas de roupas, entregadores de pizza e vários outros também se beneficiavam do sucesso dos garotos, então era absolutamente essencial que eles acertassem no segundo álbum.

Era importante eles não se apresentarem como outra boy band cuja fama acaba em poucos anos e conseguissem se destacar da multidão. "As pessoas pensam que estar em uma boy band significa dar socos no ar e todos se vestirem com a mesma cor", disse Niall ao jornal canadense *National Post*: "Somos garotos de uma banda. Tentamos fazer algo diferente do que as pessoas consideram típico de boy bands. Buscamos fazer tipos variados de música e tentamos ser nós mesmos, não certinhos demais." Isto se aplicava ao novo álbum e a tudo: eles precisavam fazer algo para se diferenciar.

Os garotos tiveram permissão para tomar algumas decisões sobre o que entraria no álbum: como foram cruciais para o sucesso no ano anterior, eles precisavam colocar personalidade no próximo trabalho. E o material também tinha que ser perfeito em termos comerciais. Cowell fez questão de dizer que algumas das melhores equipes de compositores do mundo mandariam músicas, mas que todas precisavam ser de alto nível, dignas do primeiro lugar. Se o One Direction fosse tão bem com *Take Me Home* quanto com o *Up All Night*, definitivamente se estabeleceria como a banda de maior sucesso do mundo. No fim das contas, eles ficaram com algumas das pessoas que contribuíram para o sucesso das músicas anteriores, como os suecos Carl Falk e Rami Yacoub e o norte-americano Savan Kotecha. Por mais improvável que pareça, a Suécia realmente é o lugar mais interessante do momento, como o próprio

Falk explicou ao *Independent*: "Os suecos vem fazendo ótimas canções pop desde o Abba. Nós adoramos melodias e belas mudanças de acordes. Isso se encaixa no mercado agora. A melodia está de volta, o pop está de volta e as garotas querem os ídolos pop novamente."

O fato de os garotos terem recebido permissão para opinar ficou claro na entrevista dada por Harry ao *Sun*: "Estamos sempre compondo na estrada, em hotéis e aeroportos. Não queremos que nossa música pareça ter sido composta por um cara de 40 anos em um escritório." Na verdade, um monte de ótimas canções pop foi composta por homens de 40 anos em escritórios, mas eles alegavam que gostariam de falar, ou melhor, cantar diretamente para os fãs.

Niall também enfatizou a influência que os integrantes da banda tiveram no resultado final. "É assim que funciona para nós. Não sei como os outros trabalham, mas as pessoas não veem as reuniões que fazemos sobre o álbum para decidir como as músicas vão aparecer na parte de trás do CD e a arte da capa. Elas costumam durar o dia inteiro", contou ele à *MTV News*. "Queremos ter o máximo de controle possível sobre tudo o que fazemos. Por exemplo, agora estou revisando a arte da capa para o próximo single. Mas o público não vê isso."

Não é exagero dizer que parecia que metade dos grandes nomes da indústria do entretenimento estava envolvida na composição e produção do novo álbum do One Direction, entre eles Dr. Luke; Ed Sheeran; o líder do McFly, Tom Fletcher; Shellback; Toby Gad e vários outros veteranos bastante conhecidos do cenário pop (são muitos nomes para citar aqui). Também havia a discussão sobre o nome do álbum, explicada por Niall: "Pensamos nisso por um bom tempo", contou ele no programa do Ryan Seacrest, na KIIS-FM, "porque viajamos muito pelo mundo e, com isso, vemos um monte de lugares legais, mas o principal é que não há lugar como o lar. É sempre bom estar em casa." O título também tinha outro significado, é claro: as fãs adorariam levá-los para casa, embora Niall não tenha citado essa interpretação.

E assim as gravações começaram em maio de 2012, em Estocolmo. Era um trabalho sério, mas Harry conseguia deixar tudo divertido, com os garotos pedindo comida por telefone enquanto gravavam. "Comemos toneladas de fast-food durante as gravações", contou ele ao *Daily Mirror*. "Acho que ficamos no estúdio por umas duas semanas e fazíamos um rodízio eterno entre um restaurante tailandês e um português especializado em frango. É muito fácil perder a noção do tempo e acabar com um "bronzeado" de estúdio, bem branco porque ficou lá dentro por uma semana." Depois, eles foram para os Estados Unidos terminar a gravação e começar a maratona promocional.

As músicas do álbum eram: "Live While We're Young", "Kiss You", "Little Things", "C'mon, C'mon", "Last First Kiss", "Heart Attack", "Rock Me", "Change My Mind", "I Would", "Over Again", "Back for You", "They Don't Know About Us" e "Summer Love".

Os garotos foram creditados como compositores em algumas músicas, algo importante por significar que eles receberiam direitos autorais pelas músicas, aumentando significativamente os ganhos com a venda dos álbuns. Além disso, foi uma jogada inteligente dos empresários. Um dos motivos para o Take That ter se separado pela primeira vez foi porque Gary Barlow recebia direitos autorais pela composição das músicas e os outros não, significando que ele ganhava muito mais que o resto da banda. Inevitavelmente, isso gerou uma série de ressentimentos, e a ideia era garantir que algo parecido não acontecesse ao One Direction para tentar assegurar o futuro dos garotos a longo prazo, além de dar a eles o merecido crédito, é claro.

O primeiro single, "Live While We're Young", foi muito bem recebido, levando os garotos a todos os lugares, incluindo incontáveis aparições em programas de televisão, como o *X Factor* britânico e norte-americano, além de visitas à Itália, Austrália e Suécia, e aparições em *The Ellen DeGeneres Show*, *The Today Show*, *Children in Need* (da BBC) e Royal Variety Performance. Isso sem contar os shows em vários locais, como a apresentação imensamente bem-sucedida no Madison Square Garden, em Nova York.

Até os garotos pareciam surpresos com a escala deste show em particular. Havia 20 mil fãs gritando por eles, e Niall disse: "Esta é a melhor noite de nossas vidas. Vocês vieram do mundo inteiro e não podemos acreditar no que aconteceu aqui hoje. Muito obrigado." As ruas estavam mesmo lotadas de fãs, muitos dos quais não só vieram de muito longe, como estavam acampando nas ruas para garantir que não perderiam nada. Se as cenas já deixariam veteranos da indústria musical de queixo caído, que dirá para artistas relativamente novos que estavam apenas no segundo álbum.

Zayn sentia o mesmo que Niall, dizendo: "Estou surpreso. Sou de uma cidade pequena em Bradford. Coisas assim não acontecem a pessoas como eu. Devo tudo isso a vocês." Mas coisas assim estavam acontecendo a todos eles, e seria preciso se acostumar. Viagens de primeira classe, hotéis cinco estrelas, gritos de fãs e o melhor de tudo: isso agora fazia parte do dia a dia deles.

O show era "quase a maior apresentação que já se viu", conforme Rob Stringer, chefe da Columbia Records, falou no dia seguinte. O palco foi construído para receber uma passarela longa, para que os garotos pudessem pegar nas mãos da plateia e fazer serenata para fãs específicas. O show também foi o precursor de uma convenção em Nova Jersey, frequentada por fãs de mais de 35 países.

Take Me Home foi lançado em novembro de 2012 e foi um espetacular sucesso de crítica. No Reino Unido, vendeu 94 mil cópias nos primeiros dois dias, 155 mil na primeira semana e chegou ao primeiro lugar. Nos Estados Unidos, o álbum estreou na terceira posição mais alta de 2012 (*Red*, de Taylor Swift, foi o primeiro), tendo vendido 540 mil cópias. "Momentos como esse fazem com que você se belisque, e alguns deixam a gente bastante emocionado", comentou Harry ao *Daily Mirror* sobre o primeiro lugar conquistado pelo álbum. "Ganhar um BRIT foi um grande momento, porque estávamos empolgados apenas por estar na cerimônia de entrega. Ter um show com ingressos esgotados no Madison Square Garden também foi sensacional.

E então nós acordamos com a notícia de que nossa turnê no Reino Unido estava com os ingressos totalmente esgotados. Foi uma loucura."

O álbum chegou ao topo das paradas em mais de 35 países, vendendo mais de 1 milhão de cópias pelo mundo e quebrando tantos recordes que seria impossível listar todos aqui — embora deva ser mencionado que eles foram a primeira boy band na história das paradas norte-americanas a ter dois álbuns em primeiro lugar no período de um ano. O próximo single do álbum, "Little Things", também chegou ao primeiro lugar, fazendo do One Direction o grupo mais jovem das paradas britânicas a ter simultaneamente um single e um álbum no topo das paradas.

Take Me Home não foi apenas um sucesso comercial. O álbum também agradou aos críticos. Al Fox, da *BBC Music*, o classificou de "refinado e confiável. Apesar da falta de ousadia, o álbum tem alguns hinos pop de parar o trânsito". Matt Collar, do *AllMusic*, falou de "uma mistura de pop dançante que imediatamente fica na cabeça" e mostrava bem "a tática do grupo de dividir os vocais e sua imagem dinâmica e alegre". Para a editora do *Boston Globe*, Sarah Rodman, o álbum era "uniformemente inteligente e alegre" e "no que diz respeito às boy bands, fãs (e seus pais temerosos) não têm com o que se preocupar". Jon Caramanica, do *New York Times*, comentou que o álbum é "muito mais mecânico" que o CD de estreia *Up All Night* e fez vários elogios especificamente a Zayn.

"Little Things", composta por Ed Sheeran e Fiona Bevan fala das falhas que tornam cada pessoa única. Foi o segundo single e também chegou ao primeiro lugar. Na verdade, a música foi escrita quando Ed tinha 17 anos, mas foi perdida, ressurgindo a tempo do One Direction gravá-la. "Compus esta música com uma garota chamada Fiona Bevan aos 17 anos, e nós a perdemos", contou Ed à Capital FM em outubro de 2012. "Mantive contato com Fiona, fizemos shows e tal e, uns dois meses atrás, ela me mandou a música dizendo: 'Ei, você se lembra disso?' Eu respondi: 'Claro que sim.' Eu estava no estúdio com o One Direction na época e, quando a toquei, eles disseram: 'Gostamos muito dessa música.' Ela tem uma das minhas frases prediletas entre todas as letras que já fiz."

A arte da capa mostrava os garotos vestidos no estilo mauricinho de sempre, com Harry usando gravata-borboleta. Embora as críticas tenham sido tanto positivas quanto negativas, com alguns comentaristas temendo que a música pudesse deixar as garotas obcecadas com suas próprias inseguranças, muitos críticos foram conquistados. De acordo com Amy Sciarretto, do *PopCrush*, era uma "bela canção", que "deixa os estilos de voz individual deles brilharem, fazendo-nos esquecer daquela bobagem sobre os meninos serem marionetes que cantam músicas criadas pelo estúdio e tratadas com softwares de afinação". Alexis Petridis, do *Guardian*, também gostou, descrevendo-a como "visivelmente mais sofisticada do que todo o resto do álbum, tanto em termos de letra quanto de emoção". Era "tocante", segundo ele. O videoclipe, dirigido por Vaughan Arnell também era mais sofisticado, sendo filmado em preto e branco.

O single ia bem, e os garotos foram para a ronda habitual de aparições promocionais, incluindo uma apresentação no Royal Variety Performance, onde o anfitrião do evento, David Walliams (que entrou no palco usando uma mochila voadora) apareceu vestido de fã enlouquecida. O One Direction estava em boa companhia, pois os outros artistas que iriam se apresentar naquela noite eram Girls Aloud, Robbie Williams e Neil Young. Eles também começavam a ser muito admirados pelos colegas da indústria do entretenimento. "Fui assistir ao Coldplay na Flórida e vi Chris Martin antes da banda entrar no palco", contou Harry ao *Daily Mirror*. "Ele cantou 'What Makes You Beautiful' antes do refrão de 'Yellow'. Foi muito estranho, porque ele é uma inspiração para mim. Acho o trabalho dele ótimo, sensacional mesmo. E ele também é um cara muito legal. Foi um daqueles momentos em que parei por um segundo e não consegui acreditar. Você nunca espera que algo assim aconteça." Mas, na verdade, *tudo* estava acontecendo: eles cantaram a música no *Today Show* e atraíram mais de 15 mil pessoas ao Rockefeller Plaza, onde o programa foi gravado. Eles também anunciaram planos de lançar um filme 3D em agosto de 2013, dirigido por Morgan Spurlock, gerando ainda mais comparações com os Beatles, que fizeram alguns filmes na época deles.

Nesse meio tempo, o Union J saiu do *X Factor*, mas, como os próprios disseram, nem sempre os vencedores do programa são os que se saem melhor na carreira. "Em 99% dos casos é melhor não ganhar. É um momento emocionante para nós", disse o integrante da banda Jaymi Hensley: "Temos a opção de trabalhar muito o nosso talento artístico sem a pressão da vitória. Podemos sentar e trabalhar o estilo de música que queremos fazer e criar a nossa marca. Há muito pontos positivos nisso tudo, que superam os negativos."

"Esperamos que este seja apenas o começo da carreira do Union J e que possamos fazer o que One Direction e o JLS fizeram", acrescentou o colega de banda Josh Cuthbert. Obviamente, toda boy band do mundo queria ter pelo menos uma parte do sucesso do One Direction.

Outra banda a se associar ao One Direction foi o McFly. Eles ficaram muito satisfeitos com o trabalho feito no novo álbum e esperavam trabalhar mais com a boy band do momento. "Compor para outras bandas é um processo seletivo", disse o vocalista Tom Fletcher ao *Daily Star*. "Não quero criar uma música para qualquer pessoa. Só faço isso para quem eu realmente gosto, porque é assim que se faz o melhor trabalho. Assim, espero que o relacionamento que temos com o One Direction continue. Eu amo a boa música pop. O lançamento de 'What Makes You Beautiful' foi como um sopro de ar fresco. É um pop perfeito e você não pensa em mais nada. O mesmo vale para o novo single de Taylor Swift."

Aliás, Taylor estava presente tanto nas paradas de sucesso quanto nas colunas de fofoca. O relacionamento dela com Harry parecia estar nas alturas, mas ambos continuavam muito profissionais no que dizia respeito ao trabalho.

O One Direction apareceu na respeitada série *10 Most Fascinating People of 2012*, apresentada pela veterana entrevistadora Barbara Walters. No programa, todos confessaram ter pensado em se casar e formar uma família. Enquanto isso, um amigo de infância de Harry, William Rogers, que costumava jogar futebol com ele em Cheshire, deu uma entrevista ao *Daily Star* na qual revelou que a popularidade de Harry com as garotas não era algo novo. "Eu o conheço desde os 4 anos de idade. Sei que parece engraçado, mas até na escola primária ele tinha algumas garotas ao redor. Era impressionante. Quando tinha 10 anos, Harry começou a namorar. Ele sempre teve esse jeito inacreditável com as garotas — e parece que isso não mudou. Harry sempre foi sedutor, com aquele sorrisinho abusado no rosto. Jogamos futebol juntos até o ensino médio. Ainda somos amigos, ele é um grande cara, que sempre foi muito legal e se dava bem com todo mundo. Todos gostavam dele, mesmo nessa época. Nunca fiz muito sucesso com as garotas, mas Harry tem algo especial. É difícil de explicar."

Mas as fãs entendiam muito bem, e elas eram muitas. Ainda se faziam comparações com os Rolling Stones e, particularmente, entre Harry e Mick Jagger, mas a banda mais nova inegavelmente estava ganhando na venda de ingressos. Descobriu-se que o One Direction tinha sido a banda mais popular a fazer shows em 2012. De acordo com o site de venda de ingressos Viagogo, as entradas para os shows deles eram vendidas a uma taxa recorde de duas por segundo, superando os Stones em três por um. E, ao contrário destes, eles continuavam lançando discos.

Mas o melhor ainda estava por vir: a turnê de 2013. Os garotos agora eram famosos o suficiente para ter o próprio jatinho particular, que não só deixava as viagens mais confortáveis como aliviava boa parte do estresse de passar por aeroportos.

No geral, este tinha sido um ano extraordinário para Harry e os meninos, em todos os sentidos. No inicio de 2013, ele era um dos cantores mais famosos e bem-sucedidos do mundo e vivia um relacionamento com uma das cantoras mais famosas e bem-sucedidas do mundo. As oportunidades vinham aos montes, a banda estava quebrando todos os recordes e era absolutamente adorada em todos os lugares. E o ano prometia muito mais.

15 A ÚNICA DIREÇÃO É PARA CIMA

Afinal, o que fazia o One Direction e, acima de tudo, Harry se destacar? Houve uma imensa quantidade de boy bands ao longo dos anos, sendo que nem todas deram certo. Contudo, mesmo as que tiveram êxito, como o grande Take That, não conseguiram as mesmas conquistas dos meninos. Fazer sucesso repetidamente — ainda mais nos Estados Unidos, o mercado mais difícil de todos — foi um mérito e tanto. Por que o One Direction conseguiu alcançar o sucesso onde tantos outros fracassaram?

Para começar, a banda era exatamente o que parecia. Eles podem ter sido formados por um programa de televisão, mas todos eram absolutamente sinceros. Ninguém adotou personas, ninguém manteve um lado sombrio escondido e, considerando o quanto eles eram abertos em relação às namoradas, também não havia nada a esconder nessa área. Os cinco se complementavam perfeitamente e, ainda assim, Harry se destacava. A boa aparência e o charme de sobra o deixariam bem em qualquer profissão, mas, como astro pop, ele era perfeito. Jovem e com todo aquele lindo cabelo, ele conseguia chamar a atenção mesmo entre os belos integrantes do One Direction.

Outro elemento que funcionava a favor deles era o talento. Uma imensa quantidade de bandas fabricadas é formada apenas com base na aparência, mas todos os integrantes do One Direction sabiam cantar. Os críticos também comentavam isso: "O set acústico mostrava tanto o talento de Niall ao tocar o violão quanto os admiráveis vocais ao vivo de todos os membros do One Direction", escreveu Erica Futterman, da revista *Rolling Stone*. "Não era preciso se preocupar com playback ou com notas erradas — uma surpresa agradável em um show pop."

"É fácil se perder no apelo inerente dos penteados perfeitos e estilo mauricinho quase fabricado demais, mas, em algum lugar no meio de todos os gritos apaixonados das adolescentes, estão caras que realmente sabem cantar e, até certo ponto, entreter", constatou Melody Lau, do *National Post*. E Jane Stevenson, do *Canoe*, se surpreendeu: "Eu não tinha me preparado para o fato de todos eles realmente saberem cantar ao vivo... E não há nada daquela bobagem de coreografias. O One Direction se movia naturalmente, ao longo de uma produção discreta e cheia de classe que os colocava em diferentes cenários graças a três telões: praia, escola, festa, cabana e jantar, sempre com diversos visuais certinhos. Todos pareciam saídos de um anúncio da Abercrombie & Fitch."

Era a mais pura verdade, e esta imagem não os prejudicava em nada. Também era possível dizer que o One Direction tinha preenchido um imenso vazio no mercado. Havia Justin Bieber, é claro, mas ele era apenas um comparado aos cinco integrantes do One Direction. Além do mais, uma banda sempre tem um apelo diferente de um artista solo. Não necessariamente melhor, apenas diferente. Também não existia alguém no mercado fazendo o mesmo que eles. O grupo The Wanted pode ser uma boy band, mas eles atraíam outro tipo de fã e não tinham a mesma inocência e juventude.

Neil McCormick, do *Daily Telegraph*, resumiu perfeitamente: "Foi preciso acontecer a ascensão meteórica de Justin Bieber (um canadense) para mostrar que ainda havia um imenso apetite para o pop certinho, sadio e inocente, que faria a alegria dos pais de classe média: garotos bonitos defendendo o amor fofinho. E o que poderia ser melhor do que um garoto bonito? Cinco garotos bonitos! Não é coincidência que a boy band The Wanted tenha um empresário em comum com Bieber, e que o One Direction tenha a mesma idade dele (e ainda é bem mais novo que a maioria dos rivais)."

E também havia o efeito das mídias sociais, utilizadas para vender o grupo de forma inédita. Como o executivo chefe da Syco Records, Sonny Takhar, já tinha destacado, as mídias sociais são o novo rádio, tendo papel importantíssimo para fazer o artista estourar no mundo inteiro. Will Bloomfield, o empresário do grupo, concorda: "Esses caras vivem na internet — e seus fãs também", disse ele. Confirmando esse fato, o Twitter do One Direction atraiu 5 milhões de fãs em julho de 2012, e ganhava uma média de 20 mil novos seguidores por dia.

"Isso significa apenas que o grupo se apresenta como adolescentes típicos, brincalhões e sem censura, seja postando vídeos engraçados do YouTube no Twitter, por exemplo, ou bebendo nas entregas de prêmios", escreveu Leah Collins, no *National Post*.

Enquanto isso, Kitty Empire constatou no *Observer*: "As coreografias são fundamentais para uma boy band.

Ou pelo menos eram para o Take That nos anos 1990 e para o JLS no início dos anos 2000. O One Direction atende a uma série de requisitos das boy bands (visual certinho, letras melosas, músicas que ficam na cabeça, ânsia pela fama), mas a falta de coreografias indica que há sutis diferenças existentes aqui."

E agora, qual é o próximo passo? Os garotos já conseguiram fazer o que muitos antes deles não conseguiram: estourar nos Estados Unidos. E, com mais turnês e álbuns a caminho, a popularidade do grupo não vai parar de crescer. Quanto a Harry, é praticamente certo que, em algum momento, ele vá seguir carreira solo. Enfrentando uma concorrência feroz, ele roubou a cena dos colegas de banda e atraiu atenção sem fazer esforço, além de dois ótimos atributos que o dinheiro não pode comprar: carisma e charme.

Harry provavelmente vai continuar firme nos holofotes, graças ao talento para criar polêmica — propositalmente ou não —, seja na escolha de namorada ou apenas por suas declarações, o que é bom para quem deseja uma carreira duradoura.

As comparações mais frequentes são feitas com os Rolling Stones e o Take That. Harry vem sendo diretamente comparado a Mick Jagger, que tem uma das carreiras de maior sucesso na história do rock, enquanto o Take That é possivelmente a banda mais amada do Reino Unido. Se Harry seguir esses exemplos, com ou sem seus colegas de banda, terá uma carreira muito longa. Mick Jagger acabou recebendo o título de cavaleiro. Sir Harry Styles? Quem sabe daqui a uns cinquenta anos...

CRÉDITOS DAS IMAGENS

PÁGINA 1: Tony Woolliscroft/WireImage/Getty Images (*acima*); Neil Mockford/Getty Images Entertainment/Getty Images (*abaixo*)

PÁGINA 2: Neil Mockford/FilmMagic/Getty Images (*acima*); Tony Woolliscroft/WireImage/Getty Images (*abaixo*)

PÁGINA 3: Gareth Cattermole/Getty Images Entertainment/ Getty Images (*acima*); Steve Meddle/Rex Features (*abaixo*)

Página 4: Dave Hogan/Getty Images Entertainment/Getty Images (*as duas imagens*)

PÁGINA 5: © Splash News/Corbis

PÁGINA 6: Beretta/Sims/Rex Features (*acima e abaixo, à direita*); © Splash News/Corbis (*abaixo, à esquerda*)

PÁGINA 7: Doug Peters/Doug Peters/EMPICS Entertainment (*acima*); Ian West/PA Archive/Press Association Images (*abaixo*)

Página 8: IBL/Rex Features

Página 9: Mathew Imaging/WireImage/Getty Images (*acima*); Simon Runting/Stephen D'Antal/Rex Features (*abaixo*)

Página 10: © Splash News/Corbis

Página 11: Matt Slocum/AP/Press Association Images (*acima*); Paul Zimmerman/WireImage/Getty Images (*abaixo*)

Página 12: Mark J. Terrill/Invision/Press Association Images (*acima*); Doug Peters/Doug Peters/EMPICS Entertainment (*abaixo*)

Página 13: PictureGroup/Rex Features (*acima*); © Splash News/Corbis (*abaixo*)

Página 14: Startraks Photo/Rex Features (*acima*); Yui Mok/PA Wire/Press Association Images (*abaixo*)

Página 15: PictureGroup/Rex Features (*acima*); Matt Baron/BEI/Rex Features (*abaixo*)

Página 16: Paul Richardson/Rex Features

Este livro foi composto na tipologia Minion Pro,
em corpo 13,5/19,2 e impresso em papel off-set 90g/m²,
no Sistema Cameron da Divisão Gráfica
para a Distribuidora Record